Zita Frede / Hedwig Landwehr



# Der Jahreskreis im Kirchenjahr

**Kopiervorlagen für den Religionsunterricht in der Grundschule**

Gezeichnet von Brigitte Karcher

Auer Verlag GmbH

Gedruckt auf umweltbewusst gefertigtem, chlorfrei gebleichtem und alterungsbeständigem Papier.

4. Auflage. 1998
Nach der Neuregelung der deutschen Rechtschreibung.

Gesamtherstellung: Ludwig Auer GmbH, Donauwörth
ISBN 3-403-0**2342**-7

# Inhaltsverzeichnis

# Vorwort

Das Kirchenjahr ist ein Jahr aus Festen und Festzeiten. Kinder lieben Feste. Sie brauchen Feste zum Einteilen der Zeit. Sie brauchen, wie auch die Erwachsenen, Feste zum Festhalten. Feste sind das Gedächtnis der Menschen.

Das gleichnamige Adjektiv *fest* kann uns Hilfe geben bei der Begründung der Behauptung, Menschen brauchen Feste. Etwas, das fest ist, ist von Dauer, ist unzerbrechlich, unveränderbar, fest gefügt und hat Bestand. Das Festland gibt festen Boden im Unterschied zum Wasser, in dem alles in Bewegung ist und vergeht. Ein Schiff muss vor Anker gehen, muss festmachen, wenn es zur Ruhe kommen will.

Unsere Tage, Wochen und Jahre sind oft ein gewaltiger Strom, der dahinfließt, mal ruhig und ausgeglichen, dann aber auch stürmisch und alles mit sich reißend. Wir würden mit diesem Alltagsstrom dahinplätschern oder von ihm auch gänzlich mitgerissen und verschlungen, gäbe es nicht die Feste – jene Zeiten zum Innehalten, jene Tage, an denen wir vor Anker gehen, festmachen. Die roten Tage im Grau oder Schwarz unseres Kalenders machen unsere Zeit *fest*. Sie geben ein festes Gefüge. Sie können uns in allem Einerlei oder auch in allen Turbulenzen der Zeit Halt und Standfestigkeit geben. Wir können Atem holen und wieder festen Boden unter die Füße bekommen.

Wenn Feste so nötig sind, warum wird es zunehmend schwerer Feste zu feiern? Fest und Gemeinschaft gehören zusammen. Wir feiern keine Feste allein, auch kaum zu zweit oder zu dritt. Zu einem richtigen Fest gehören viele Gäste. Viele Gäste, die durch einen sie verbindenden Anlass zu einem Fest versammelt sind. In unserer Gesellschaft gibt es viele gesellige Zusammenkünfte und Feten, aber es gibt keine Feste mehr, deren Inhalt *alle* Menschen verbindet. Gemeinsam sind den Menschen arbeitsfreie Zeiten, aber keine von *einem* Inhalt bestimmte Feste. So ist der Sonntag für viele ein arbeitsfreier Tag, den jeder nach seinen Bedürfnissen für sich oder in einer Gruppe gestaltet. Gott wird an diesem Tag schon lange nicht mehr gemeinsam gefeiert. Das gleiche gilt für die großen Feste Ostern, Pfingsten und Weihnachten, die immer mehr zu reinen Geschenk- und Kurzurlaubsanlässen werden.

In unserer säkularisierten Gesellschaft ist der Mensch das Maß der Dinge. Seine Bedürfnisse, Leistungen und Fähigkeiten bilden die Grundlage der gemeinsamen Hoffnungen. Die Menschen glauben und vertrauen allein der Tüchtigkeit des Menschen. Dieser Glaube trägt jedoch nur so lange, bis der Mensch an seine unüberwindlichen Grenzen stößt. Hier fragt er sich dann nach dem Sinn des Lebens und der Wunsch eines Zugangs zur Transzendenz flackert auf. Die Tür zum Glauben bleibt jedoch oft verschlossen, weil Glaubensvorstellungen in den Kinderschuhen stecken geblieben sind, eine verkopfte Theologie nicht verstanden wurde oder Gott für das unerklärliche Leid in der Welt verantwortlich gemacht wird. Vielleicht findet die tiefe Sehnsucht des Menschen nach Transzendenz und Sinn in dieser säkularisierten Gesellschaft noch ihren Ausdruck darin, dass sich zu den höchsten Festen des Kirchenjahres – Weihnachten und Ostern – die Gottesdienste füllen, an Wallfahrtsorten stets ein Meer von Kerzen brennt, die Wiederbelebung des Brauchtums deutlich zu beobachten ist.

Wer sein Leben bewusst in einer Glaubensgemeinschaft lebt, erfährt, dass er nicht durch die profane Zeit allein, sondern in der Berührung mit der heiligen Zeit – der Gotteszeit – seine Mitte findet; denn die Feste des Kirchenjahres „bleiben keine bloßen Erinnerungstage. In der Feier der Kirche wird zugleich das gegenwärtig, was in den Festen und Gedächtnistagen ausgesagt wird. Das bürgerliche Jahr gleicht einem Kreis von Tagen und Monaten, der vergeht und von neuem wiederkehrt. Das Kirchenjahr aber ist wie ein Pfeil, der auf Zukunft ausgerichtet ist". (aus: P. Gerhard Eberts MSF in: Feste und Bräuche im Jahreskreis, S. 6, Weltbild) Dieser Gedanke ist selbst vielen Kirchgängern allerdings fremd geworden. Obwohl unser bürgerlicher Kalender fast ausschließlich ein christlicher Festkalender ist in seinem Wechsel von Wochentagen und Sonntagen, von besonderen Feiertagen und Werktagen, erleben wir unsere Zeit zunehmend als Menschenzeit denn als Gotteszeit. „Heute wirkt das Kirchenjahr manchmal wie ein vergessenes altes Haus an der schnellen Straße des modernen Lebens. Viele Menschen haben noch eine Ahnung davon, wie einige seiner wichtigsten Räume aussehen. Aber die Architektur des Ganzen kennen sie nicht. Sie kennen Weihnachten und Ostern, sie feiern Taufe und Erstkommunion. Aber die inneren Zusammenhänge, die entscheidenden Verknüpfungen mit dem von Gott geschenkten Heil sind ihnen verloren gegangen." (aus: P. Gerhard Eberts MSF in: Feste und Bräuche im Jahreskreis, S. 5, Weltbild)

An dieser Stelle sind wir Religionslehrer/innen gefordert. Wir fragen uns zunehmend, können unsere Kinder in der säkularisierten Welt überhaupt noch in den Glauben hineinwachsen? Wir erleben, wie beschwerlich es geworden ist ein Gegengewicht zur Diesseitigkeit und Gleichgültigkeit zu setzen. Wie wird der Glaube weitergetragen, gestärkt und gefestigt? Die Antwort lautet: Das Feiern von Festen, die über den Menschen hinausweisen, kann einen Zugang zur Transzendenz bedeuten. Solches Feiern ist keine Erfindung des Christentums. Alle frühen Kulturen hatten kultische Feste. Wenn wir also unseren

Kindern einen Zugang zum Heilsweg Gottes mit uns Menschen eröffnen wollen, müssen wir mit ihnen das Kirchenjahr feiern. „Ist das Kirchenjahr [also] eine Art Kurzkatechismus? Ja und nein. Ja, weil der, der das Kirchenjahr bewusst mitfeiert, immer von neuem in die Welt des Glaubens eingeführt wird. Nein, weil das Kirchenjahr nicht lehrmeisterhaft auftritt. Es ist im Gegenteil lebensfroh, anschaulich, aufrüttelnd, tröstend und sinnenfroh. Das Kirchenjahr hat keine Angst vor Gefühlen und nicht einmal vor Emotionen. In ihm wird der Glaube nicht gelehrt, sondern gelebt.“ (aus: P. Gerhard Eberts MSF in: Feste und Bräuche im Kirchenjahr, S. 6, Weltbild)
Diesem gemeinsamen Erlebnis des Miteinanderfeierns sind aus vielen Gründen in der Schule Grenzen gesetzt. Erfahrungen des Feierns aus ihren Familien bringen die wenigsten Kinder mit. Dennoch oder vielleicht gerade deshalb sollten wir es wenigstens nicht versäumen, mit den Möglichkeiten des Unterrichtes unsere Kinder zur Reflexion über Inhalte und Bedeutung des christlichen Festekalenders anzuleiten. In diesem Bemühen möchte das vorliegende Werk hilfreich sein. Es beabsichtigt nicht, zu jedem Fest die gesamte Theologie unterrichtlich zu entfalten, sondern lenkt das Augenmerk jeweils auf einen Schwerpunkt, der für sechs- bis zehnjährige Kinder bedeutsam und zugänglich erscheint.

*Zita Frede und Hedwig Landwehr*

# Hinweise zu den Arbeitsblättern

Die angebotenen Arbeitsblätter zu den Festen im Kirchenjahr erfüllen viele religionspädagogische und methodische Funktionen zugleich:

- durch konkrete Handlungsaufgaben motivieren
- kreative Fantasie wecken
- den Lernprozess lenken und vertiefen
- den Unterrichtserfolg sichtbar machen
- Gelerntes einüben und einprägen.

Sie dienen den Zielen:

- Informationen gewinnen
- ein Gespräch vor- oder nachbereiten
- etwas auf den Punkt bringen
- Einprägen des Gelernten
- Zusammenfassen des Gelernten
- Gedanken ordnen
- Parallelen finden
- Strukturieren eines Textes
- Eindrücken Ausdruck verleihen
- eine sprachliche Aussage gestalterisch ausdrücken.

Es sei noch erwähnt, dass aus vielen Arbeitsblattvorlagen durch Wegschneiden, Auseinanderschneiden und neues Zusammenstellen oder durch Textveränderungen neue, auf die jeweilige Klasse und andere Themen zugeschnittene, analoge Arbeitsblätter herzustellen sind. Oft genügt es, auf der Kopie einer Vorlage mit Korrekturflüssigkeit etwas auszulöschen, um für die jeweilige Unterrichtsstunde ein adäquates Arbeitsblatt zu haben. Arbeitshinweise auf den Kopiervorlagen erweisen sich manchmal als störend, weil sie zu sehr einengen. Man sollte sie ggfs. auslöschen, bevor ein Klassensatz kopiert wird, um dem Kind freiere Handlungsmöglichkeiten zu geben.

# 1 Das Kirchenjahr

## Viele Feste – ein Thema

### Das Kirchenjahr[1]

Im Laufe eines Jahres wird uns das Leben und Heilswerk Jesu Christi immer neu vor Augen geführt. Durch die Feier der Geheimnisse unserer Erlösung werden diese für uns gegenwärtig. Wir erleben immer neu, was uns Gott durch die Menschwerdung und Geburt, durch den Tod, die Auferstehung und die Himmelfahrt Jesu Christi sowie durch die Sendung des Heiligen Geistes geschenkt hat und was er uns bei seiner letzten Ankunft schenken wird. Im Laufe des Kirchenjahres verehren wir auch Maria und die Heiligen.
Im Gottesdienst sagt die Kirche Gott Dank für diese großen Taten.

Das höchste Fest im Kirchenjahr ist *Ostern*. Wir feiern an diesem Tag die Auferstehung Jesu Christi. Jeder Sonntag ist eine Wiederholung der Osterfeier. Der Auferstandene ist in unserer Mitte anwesend. Wir bekennen in jeder heiligen Messe:
*Deinen Tod, o Herr, verkünden wir, und deine Auferstehung preisen wir, bis du kommst in Herrlichkeit.*

### Die österliche Zeit

Die „österliche Zeit" beginnt wegen ihrer großen Bedeutung mit einer vierzigtägigen Vorbereitung. Es ist die österliche Bußzeit, die Fastenzeit. Sie dient der Vorbereitung auf die Feier des Todes und der Auferstehung Christi.
In der Fastenzeit sollen sich alle Christen durch Gebet und Stille, durch Umkehr und Buße auf das Osterfest vorbereiten. Zum Fasten gehört auch ein Opfer für die Armen und Hilfsbedürftigen.
Die Fastenzeit beginnt mit dem *Aschermittwoch*. Am Aschermittwoch wird den Gläubigen mit geweihter Asche ein Kreuz auf die Stirn gezeichnet.
Die Fastenzeit erreicht ihren Höhepunkt in der *Karwoche*. Die Karwoche beginnt mit dem *Palmsonntag*. Wir feiern diesen Tag mit der Palmprozession. Dadurch werden wir an den feierlichen Einzug Jesu in Jerusalem erinnert. Nach altem Brauch werden geweihte Palmzweige aus dem Gottesdienst mit nach Hause genommen, um die Kreuze in der Wohnung zu schmücken und damit Christus, dem König, zu huldigen.
Am Donnerstag – *Gründonnerstag* – feiert die Kirche das Gedächtnis des Letzten Abendmahls, der Einsetzung der Eucharistie und des Priestertums. Am Freitag – *Karfreitag* – feiert die Kirche das Leiden und Sterben Jesu Christi, unseres Erlösers. Wir beten den Herrn an, der sein Leben für uns hingegeben hat. Wir beten den Kreuzweg.
Vierzig Tage nach Ostern feiert die Kirche das Fest *Christi Himmelfahrt*. An diesem Tag feiern wir die Verherrlichung Jesu Christi.
Der Osterfestkreis dauert bis Pfingsten. Wir feiern *Pfingsten* 50 Tage nach Ostern.
Wir freuen uns und danken Gott, der seiner Kirche durch Jesus Christus den Heiligen Geist gesandt hat. Der Heilige Geist wirkt in der ganzen Welt.

### Die Weihnachtszeit

Am Weihnachtsfest (25. Dezember) feiern wir die Geburt Jesu Christi: Der Sohn Gottes ist Mensch geworden.
Der Weihnachtskreis beginnt mit dem Advent und endet am Fest der Erscheinung des Herrn (6. Januar). Dieses Fest wird bei uns auch Dreikönigsfest genannt.
*Advent* heißt Ankunft. Es gibt vier Adventssonntage vor Weihnachten. In dieser Zeit bereiten wir uns auf das Weihnachtsfest vor. Wir bedenken die Ankunft des Herrn – damals, heute und am letzten Tag der Welt.

### Christus – gestern, heute und in alle Ewigkeit

Wir denken daran

- dass das Volk Israel die Ankunft Christi, des Messias, erwartet hat,
- dass Jesus Christus heute in seinem Wort, in den Sakramenten und in seiner Kirche zu den Menschen kommt,
- dass Jesus Christus am Ende der Zeit wiederkommen wird.

### Die Sonntage im Jahreskreis

Die 34 Sonntage zwischen dem Fest der Erscheinung des Herrn und der Fastenzeit sowie zwischen Pfingsten und Advent heißen Sonntage im Jahreskreis. In den Evangelien dieser Sonntage stellt uns die Kirche immer neue Worte und Taten Jesu vor Augen.
Am letzten Sonntag im Jahreskreis feiern wir das *Christkönigsfest*.

1 Der Text „Das Kirchenjahr" ist entnommen aus A. Baur, J. Bongers, W. Plöger „Mein Glaubensbuch", Donauwörth 1986

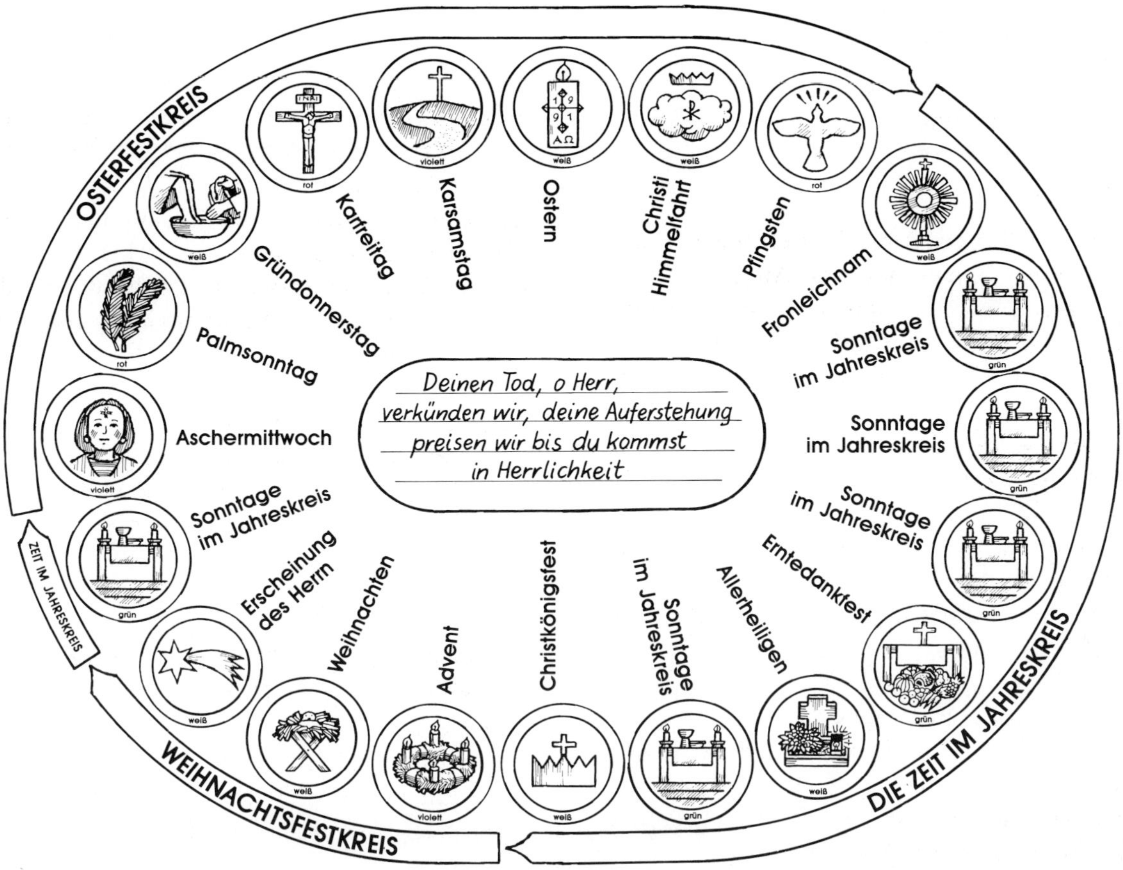


## Unterrichtliche Arbeit

- Mit den Kindern über Feste sprechen. Die genannten Feste an der Tafel sammeln und ordnen: Feste und Feiern im persönlichen Leben, staatliche Feiertage, religiöse Feste.
  Zusammenfassung: Feste sind feste Punkte, um die sich unser Leben dreht; an ihnen kann man sich orientieren.
- Christen feiern das Kirchenjahr, in dem sie die Heilstaten Gottes an den Menschen bedenken. Die höchsten Kirchenfeste sind Weihnachten und Ostern. Diese Feste haben Vorbereitungszeiten.
- In Partner- oder Gruppenarbeit die Daten der Feste im Laufe des Kalenderjahres mit Hilfe eines Jahreskalenders heraussuchen und notieren.
- Auf dem Arbeitsblatt werden Bilder den Festen zugeordnet.
- Das Arbeitsblatt bietet auch die Möglichkeit, die liturgischen Farben zu thematisieren. Um die Bilder der Feste im Kirchenjahreskreis können in den entsprechenden Farben die Rahmen ausgemalt werden.

  Violett: Advent, Fastensonntage.
  Weiß: Weihnachten, Erscheinung des Herrn, Gründonnerstag, Ostern, Himmelfahrt, Fronleichnam, Allerheiligen, Christkönigsfest.
  Rot: Palmsonntag, Karfreitag, Pfingsten.
  Grün: Sonntage im Jahreskreis, Erntedankfest.
- Fragespiel:
  Wie heißen die beiden großen Festzeiten?
  Auf welche Feste bereiten wir uns besonders vor?
  Wie heißen die beiden Vorbereitungszeiten?
  Welche Feste feiert die Kirche zwei Tage lang?
  Mit welchem Sonntag beginnt das Kirchenjahr?
  Wie heißt der Sonntag, mit dem das Kirchenjahr endet?
  An welchem Fest wird „der Leib Christi" in Gestalt des Brotes durch die Straßen getragen?
  Nenne Zeichen für Ostern, die von der Auferstehung des Herrn erzählen!
  Welche liturgische Farbe gehört zu den Fastenzeiten?
  Welche liturgische Farbe drückt Freude aus?
  Welches ist das höchste Fest im Kirchenjahr?

**► Arbeitsblätter 1.1–1.3**

Die Kinder können sich einen Jahresfestkreis herstellen. Sie lernen die wichtigen Kirchenfeste in ihrer Abfolge kennen. Sie benennen die Festkreise und reflektieren die liturgischen Farben.

1. Klebe die Arbeitsblätter 1.1 und 1.2 zusammen!
2. Schneide die Bilder zu den Festen im Kirchenjahr auf Arbeitsblatt 1.3 aus und klebe sie in die entsprechenden Rahmen in den Festkreisen ein!
3. Schreibe in die Mitte das Gebet aus der heiligen Messe, in dem gesagt wird, was wir in jeder heiligen Messe im Kirchenjahr feiern!

## Das Kirchenjahr: Viele Feste – ein Thema

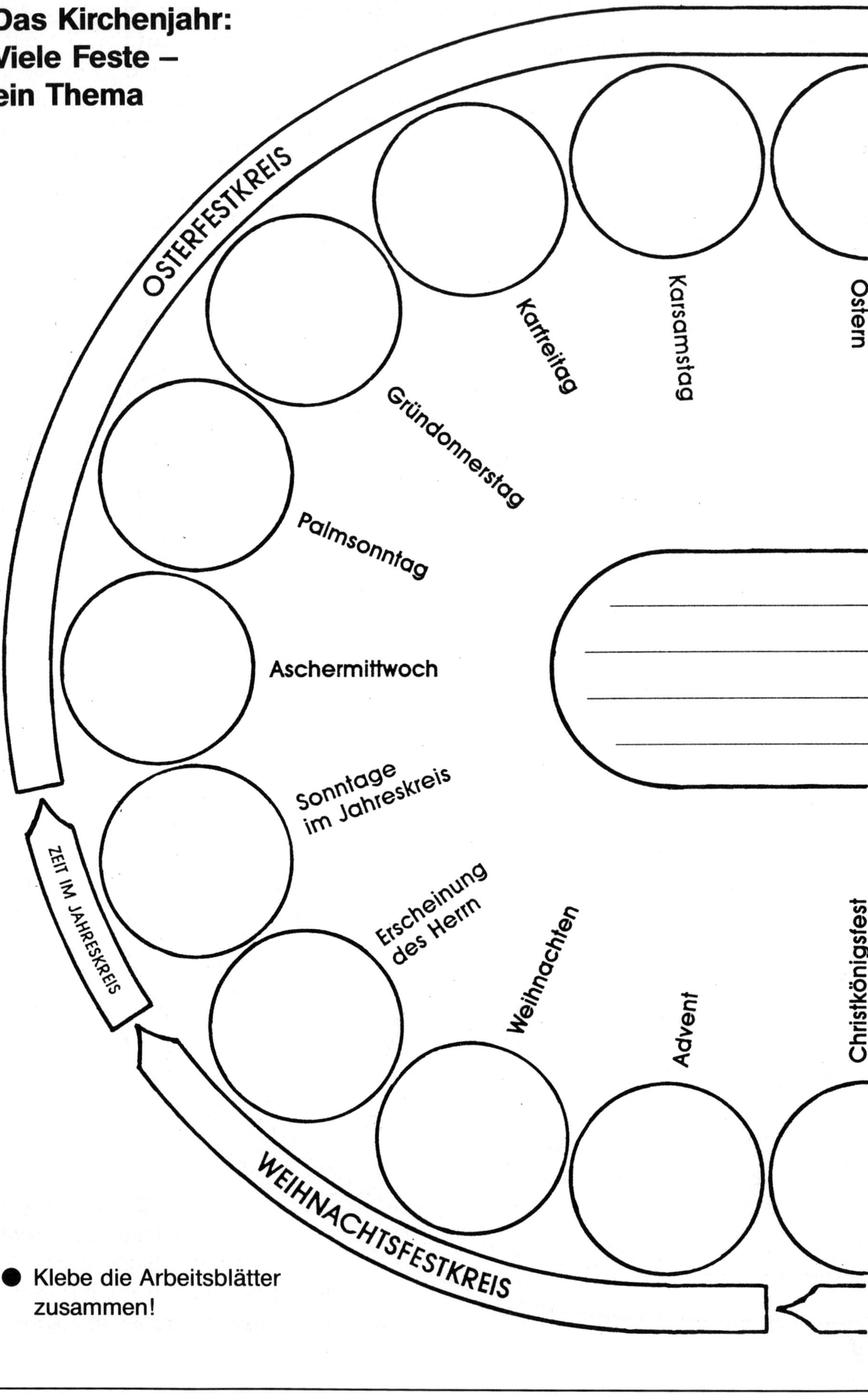


- Klebe die Arbeitsblätter zusammen!

● Schneide die Bilder zu den Festen des Kirchenjahres auf dem Arbeitsblatt aus und klebe sie in die entsprechenden Rahmen in den Festkreisen ein!

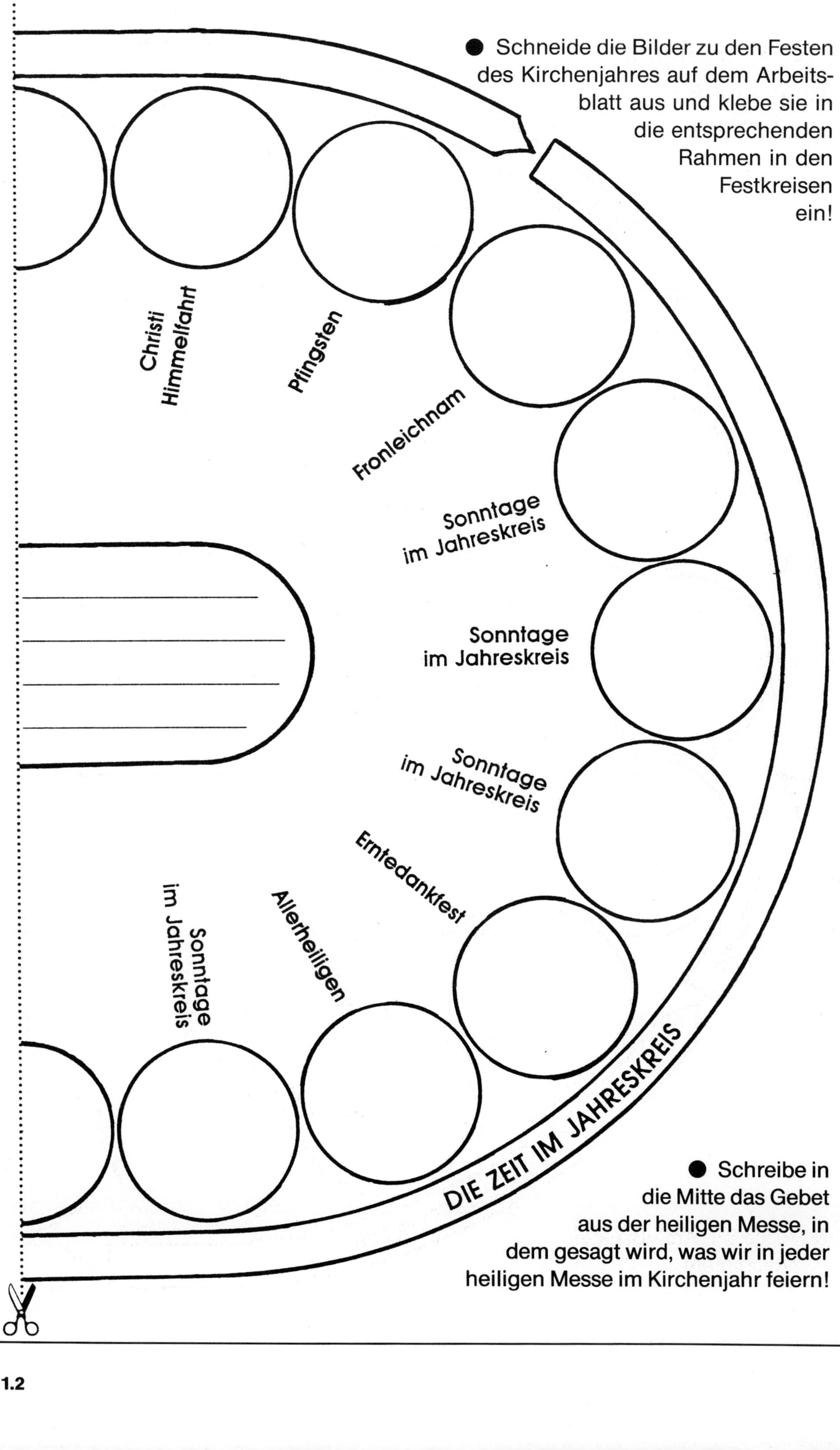


● Schreibe in die Mitte das Gebet aus der heiligen Messe, in dem gesagt wird, was wir in jeder heiligen Messe im Kirchenjahr feiern!

INRI
A Ω

# 2 Advent

## Heilige mit uns auf dem Weg zur Krippe

Kennzeichen der Monate November und Dezember ist die Sehnsucht nach dem Licht in der Dunkelheit. Die Dunkelheit und Trostlosigkeit dieser Jahreszeit empfinden selbst Großstadtkinder noch, wenn man sie zur Reflexion anregt. Diese Zeit ist besonders dazu angetan, über die Dunkelheit und Trostlosigkeit menschlichen Lebens nachzudenken und nach einem Hoffnungsschimmer Ausschau zu halten. Der große Hoffnungsstern, der uns Menschen aufgegangen ist, erstrahlt in der Menschwerdung Gottes in der Krippe zu Betlehem. Seit dieser Nacht steht das Leben der Menschen unter einem guten Stern. Dieser Stern hat Ausstrahlung durch die Geschichte der Menschheit hindurch. Wenn wir diesem Stern entgegengehen wollen, müssen wir die vielen Lichter wahrnehmen, die seit der Nacht zu Betlehem in unserer Welt zu einem Hoffnungsschimmer geworden sind, dass unsere Dunkelheit nicht endlos ist. Die Heiligen in der Vorweihnachtszeit sind zu solchen Hoffnungsträgern und Lichtbringern geworden. Sie leuchten nicht aus sich selbst, sondern sie künden mit ihrem Leben von ihrer Lichtquelle, dem menschgewordenen Gott, Jesus Christus.
Jenseits aller Historizität ist in markanten, einprägsamen Geschichten (Legenden) die Lebensbotschaft dieser Heiligen auf anschauliche, bildhafte Weise über alle Zeiten hinweg überliefert. Oft ist es nur *ein* Bild, um das sich die ganze Botschaft des Heiligen und sein Lebenswerk kristallisiert. Beim Betrachten dieses Bildes können wir den Heiligen schlaglichtartig erkennen:
*Der geteilte Mantel* – Martin teilt um Jesu willen.
*Der Korb voll Rosen* – Elisabeth liebt die Armen und Kranken um Jesu willen. Die Liebe zu ihm gleicht dem Duft und Glanz der herrlichen Rosen.
*Das Schiff voll Korn* – Nikolaus bringt um Jesu willen in größter Not Hilfe. Er weiß, was die Menschen brauchen.
*Der Kerzenkranz* – Luzia bringt Licht, bringt Speise, bringt Leben zu denen, deren Leben um Jesu willen bedroht ist.

## Unterrichtliche Arbeit

Jeder Heilige wird auf einem Arbeitsblatt thematisiert. Der Arbeit mit diesen Arbeitsblättern sollte die Begegnung mit der Legende des Heiligen vorausgehen. Es ist sinnvoll, vor der Erzählung das bzw. die Zeichen oder Bilder in die Mitte eines Erzählkreises zu legen, mit denen sich die Heiligengeschichten fest verknüpfen: *St. Martin* – Schwert und Mantel, *St. Elisabeth* – Krone, Rose und Brot, *St. Nikolaus* – Schiff und Korn, *St. Luzia* – Lichterkranz. Diese Zeichen sprechen auch ohne Kenntnis der Heiligenlegenden eine deutliche Sprache. Die Kinder sollten zunächst die Zeichen betrachten, ihre Assoziationen äußern dürfen und Deutungsversuche machen. Danach hören sie die Erzählung der Heiligenlegende und können anschließend die in der Mitte liegenden Zeichen in Verbindung zur Geschichte betrachten und deuten. Abschluss der jeweiligen Betrachtung bildet die Bearbeitung des *Arbeitsblattes 2.1–2.4* zu den einzelnen Heiligen. *Erzählvorschläge zu den Heiligen, S. 14–16.*

### Heilige mit uns auf dem Weg zur Krippe

Die Abbildungen auf dem *Arbeitsblatt 2.5* ergeben zusammengefügt mit der Krippendarstellung auf *Arbeitsblatt 2.6* eine Collage auf einem DIN-A 3-Blatt, die in Einzel- oder Partnerarbeit erstellt werden kann. Die fertige Collage muss in ihrer Aussage verstanden und gedeutet werden:

Die Krippe ist die Mitte einer Blume, die aufblüht. Sie steht im Zentrum eines Kreuzes. Krippe und Kreuz sind die Botschaft des Mensch gewordenen Gottes Jesus Christus. Er ist ein Kind geworden. Er lebt mit den Menschen. Er hat ihre Krankheit gesehen und sie geheilt. Sein Stern, der in Betlehem aufging und sein neues Leben, das Ostern erblühte, beleben seitdem unbesiegbar das Leben der Menschen. Aus dieser Mitte entfaltet sich eine große Blume. Menschen teilen aus der Kraft Christi die Not der anderen und verwandeln die Dunkelheit der Not mit dem Licht ihrer Liebe. Sie können ihre verwandelnde Kraft entfalten, weil sie mit ihm verbunden sind. „Du bist die Sonne, wir der Schein; wir können ohne dich nicht sein und ohne dich nicht leben“,

heißt es in einem alten Lied. Jesus Christus hat mit allen Menschen das Leid und den Tod geteilt. Er hat das Kreuz getragen und musste sterben wie jeder Mensch. Aber Gott hat ihm neues Leben gegeben. Jesus Christus ist auferstanden und lebt bei Gott.
Durch Vergrößern der Elemente auf *Arbeitsblatt 2.5 und 2.6* kann eine Collage in Postergröße aufgebaut werden, wobei es sich empfiehlt die Elemente den Kindern einzeln zu zeigen und betrachten zu lassen. Krippe, Kreuz und Blumen gelten als stummer Impuls und Sprechanlass. Nach freien Schüleräußerungen muss jedes Element erkannt und gedeutet werden. Die Kinder tragen ihr Wissen zu den einzelnen Elementen zusammen. Zur Unterstützung der Deutung oder zur Zusammenfassung könnte folgender Lückentext an der Tafel gefüllt werden.

**Element: Geburt Jesu**

Impuls: Wir betrachten die Mitte des Bildes.

Jesus wird ______________. (geboren)
Jesus kommt von ______________. (Gott)
Er hat kein ______________. (Bett)
Er kommt in einem ______________ zur Welt. (Stall)
Er ist ______________. (arm)
Er ist ______________. (klein)
Er teilt mit den Menschen die ______________. (Armut)
Er teilt mit den Menschen die ______________. (Not)
Er teilt mit den Menschen die ______________. (Dunkelheit)
Er teilt mit den Menschen die ______________. (Kälte)

**Element: Das Kreuz**

Impuls: Das Bild zeigt uns ein zweites ganz wichtiges Zeichen aus dem Leben von Jesus.

Jesus stirbt am ______________. (Kreuz)
Er ______________ Schmerzen. (leidet)
Er ist ______________. (allein, verlassen)
Jesus teilt mit den Menschen das ______________. (Leid)
Er teilt mit den Menschen den ______________. (Tod)

**Element: Die Blume**

Impuls: Die Engel sagten zu den Hirten auf dem Feld in Betlehem: „Euch ist der Retter geboren, der Heiland, der euch froh machen will. Der Heiland, der das Dunkel hell machen will, der euch frei machen will von der Not und dem Unglück." Ein Teil des Bildes will von diesem Licht, das die Dunkelheit erhellt hat, erzählen.

Die Blume ist das Zeichen für ______________. (Leben)
Jesus hat ______________ in die Welt gebracht. (Leben)
Er hat die Kranken ______________. (geheilt)
Er hat die Traurigen ______________. (getröstet)
Er hat die Hungrigen ______________. (gespeist, gesättigt)
Er hat den Tod am Kreuz ______________. (erlitten, ausgehalten)
Aber Gott hat ihm neues ______________ geschenkt. (Leben)
Jesus hat den ______________ besiegt. (Tod)
Die Blume ist das Zeichen für das ______________ Leben von Gott. (neue)

**Die Zeichen der Heiligen** werden als neuer Sprechimpuls an die vier Enden der Kreuzesbalken gelegt.
Die Heiligen haben ______________ wie Jesus. (geholfen)
Martin hat ______________ wie Jesus. (geteilt)
Elisabeth hat sich um die Kranken ______________ wie Jesus. (gesorgt)
Nikolaus hat die Kinder ______________ wie Jesus. (geliebt)
Luzia hat die Hungrigen ______________ wie Jesus. (gespeist)
Die Heiligen bringen das ______________ von Jesus in die Welt. (Licht)
Sie ______________ zu Jesus. (gehören)
Sie sind mit ihm ______________. (verbunden)
Sie tragen sein neues ______________ zu denen, die in ______________ sind. (Leben – Not)
Sie zeigen, was die Engel den Hirten in Betlehem verkündet haben: Euch ist der ______________ geboren. (Retter)

## Sankt Martin (11. November)

Im Jahre 316 wird Martin als Sohn eines römischen Obersten in Sabaria, einer Stadt in Pannonien, dem heutigen Ungarn, geboren. Sein Vater ist mit ganzer Seele Soldat. Er hat seinem Sohn den Namen Martinus, d. h. Kriegsmann, gegeben. Der Vater zeigt ihm schon früh die Pferde, die Ritterrüstungen, die Schwerter der Soldaten. Aber Martin ist mit seinem Herzen nie so ganz bei der Sache, wenn er den Soldaten bei ihren Übungen zuschaut, wenn er die Befehle und Flüche hört.
Von Ungarn aus zieht Martin mit seinen Eltern nach Italien. Er lernt mit 10 Jahren den Glauben der Christen kennen und wird Taufschüler. Die Worte der Heiligen Schrift berühren den Jungen tief. Mehr als die wilden Soldatenspiele fesseln ihn die Unterweisungen in der Kirche. Aber der Vater will aus ihm einen tapferen Soldaten machen und schickt ihn mit 15 Jahren in den Dienst

des Kaisers. Martin wird in die römische Elite-Reiterabteilung eingeteilt und in den Dienst nach Gallien, ins heutige Frankreich geschickt.
An einem eisigen Winterabend im Jahre 334 reitet Martin in die Stadt Amiens ein. Da sieht er am Stadttor, in Lumpen gehüllt, einen Bettler sitzen. Er zittert vor Kälte. Martin möchte ihm helfen, aber er hat all sein Geld schon verschenkt. Da nimmt er sein Schwert und schneidet den weiten Offiziersmantel mitten durch. Die eine Hälfte gibt er dem Bettler. Die Soldaten lachen. „Seinen eigenen Mantel hat er zerschnitten“, rufen sie. In der Nacht schreckt Martin aus dem Schlaf auf. Er sieht den Bettler vor sich stehen, gehüllt in einen Mantel. Und nun erkennt er ganz deutlich: Die Hände und die Seite tragen die Wundmale unseres Herrn am Kreuz. Martin hört eine Stimme: „Was du diesem Bettler gegeben hast, das hast du mir getan!“ Da wacht Martin auf. „Diesen Traum hat Gott mir geschickt! Ich möchte getauft werden und ganz zu Christus gehören!“

*Aus: Barbara Cratzius, Mit Kindern Heilige feiern, Herder Verlag, Freiburg 1985*

**Die heilige Elisabeth (19. November)**

Elisabeth wurde 1207 in Ungarn geboren. Ihr Vater war der ungarische König. Schon mit vier Jahren musste Elisabeth ihre Heimat verlassen. Elisabeth wurde an den Hof des Landgrafen von Thüringen gebracht, den sie später heiraten sollte. Sie wurde mit ihrem zukünftigen Mann Ludwig erzogen. Elisabeth war ein temperamentvolles Mädchen, das den Tanz, das Spiel und den Gesang liebte. Sie fiel schon als Kind auf, weil sie freundlich zu allen Menschen in ihrer Umgebung war. Oft wurde sie getadelt, weil sie ihre Dienerinnen wie ihresgleichen behandelte, mit ihnen redete und mit ihnen aß.
Ludwig liebte Elisabeth und alles an ihr gefiel ihm. Als Elisabeth 14 Jahre alt war, heiratete sie Ludwig. Sie liebte ihn sehr und wollte immer in seiner Nähe sein. Mit 15 Jahren bekam sie ihr erstes Kind. Elisabeth liebte aber nicht nur ihr eigenes Kind, nein, sie liebte alle Kinder, denen sie begegnete. Obwohl man es bei Hofe nicht gern sah, verteilte sie oft Nahrung und Kleidung an Kinder, die unterhalb des Schlosses wohnten. Die Familie ihres Mannes sah das mit großem Missfallen und klagte sie bei Ludwig an. Doch er vertraute seiner Frau und ließ sie gewähren.
Aber dann geschah etwas Schreckliches: Ludwig musste fort, an einem Kreuzzug teilnehmen. Er musste in den Krieg. Elisabeth erwartete zu der Zeit ihr 3. Kind. – Es dauerte nicht lange, da kam ein Bote in das Schloss und brachte die Nachricht, dass Ludwig erkrankt und in Italien gestorben sei. Elisabeth zerriss es fast das Herz vor Schmerz. Sie schrie und weinte und war untröstlich. Bei Hofe verstand man sie nicht. Eine Fürstin durfte ihr Leid nicht so offen zeigen. Elisabeth fand nur Trost im Gebet und in ihrem Mitleid mit den Armen. Jetzt, wo Ludwig Elisabeth nicht mehr beschützen konnte, beobachteten die Verwandten argwöhnisch, was Elisabeth tat. So bemerkten sie bald, dass sie alles verschenkte, was sie besaß, ihren Schmuck, ihre Kleider, ihr Geld. Täglich ging sie mit ihren Dienerinnen in die armseligen Hütten des Dorfes und wusch die Kranken und verband ihre Wunden. Immer mehr wurde sie zum Ärgernis für ihre Verwandten. Der Bruder und Nachfolger Ludwigs hatte kein Verständnis für Elisabeths Einstellung zu den Armen und verlangte, dass sie sich wie eine Fürstin zu benehmen habe. Da nahm Elisabeth ihre Kinder und floh von der Wartburg. Nach hartem inneren Kampf gab sie jedoch ihre Kinder der Familie ihres Mannes zurück, damit sie ihrem Stand entsprechend bei Hofe erzogen wurden.
Sie selbst ließ sich das Geld geben, das ihr zustand, und baute damit ein Krankenhaus in Marburg. Ihr ganzes Leben widmete sie der Versorgung der Armen und Kranken. Bis zur Erschöpfung arbeitete sie täglich. Elisabeth war erst 24 Jahre alt, als sie starb.
Das ist die Lebensgeschichte der heiligen Elisabeth. Es gibt aber noch eine andere schöne Geschichte von ihr, die uns ihr Leben noch besser verständlich macht als ihre eigentliche Lebensgeschichte. Diese Legende erzählt man sich nun schon seit vielen Hundert Jahren:
Eines Tages hörte Elisabeth von einer Frau, die sehr krank sei. Ihre Kinder hätten nichts zu essen und weinten vor Hunger. Da packte Elisabeth einen Korb mit Nahrungsmitteln und machte sich auf den Weg ins Dorf.
Graf Ludwig hatte Angst um seine Frau. Es war ihm nicht recht, dass sie allein hinunter ins Dorf ging. Er hatte Angst, sie könne sich bei den Kranken anstecken. Immer wieder musste er sich auch die Klagen seiner Familienmitglieder anhören, Elisabeth benehme sich nicht wie eine Fürstin. Er müsse endlich einschreiten.
Als Ludwig nun den Schlossberg hinaufritt, sah er seine Frau mit dem schweren Korb am Arm. Er verstellte ihr den Weg und wollte sehen, was sie im Korb trug. Elisabeth deckte den Korb auf. Da strömte Ludwig ein wundervoller, süßer Duft entgegen. Im Korb sah er wunderschöne rote Rosen. Da spürte Ludwig in seinem Herzen, dass die Güte und Liebe seiner Frau Blumen und Knospen aufspringen ließ. Mit seiner Erlaubnis durfte Elisabeth fortan zu den Menschen im Dorf gehen und ihnen helfen.

*Neu erzählt von Hedwig Landwehr*

## Sankt Nikolaus (6. Dezember)

Nikolaus ist wahrscheinlich in der ersten Hälfte des 4. Jahrhunderts Bischof von Myra gewesen. Ein Kranz von liebenswerten Legenden überdeckt sein Leben. Sein Kult ist seit dem 6. Jahrhundert in Myra und Byzanz nachweisbar. Im 9. Jahrhundert wurde Nikolaus auch in Unteritalien und Rom verehrt. Bald drang sein Kult, gefördert durch die Kaiserin Theophanu, im 10. Jahrhundert auch nach Deutschland, Frankreich und England. Die Überführung seiner Gebeine 1087 von Myra nach Bari brachte eine Hochblüte des Kults in ganz Europa. Da die Legende ihn als Retter in Schwierigkeiten vieler Art schildert, wird er als Helfer in allen Nöten angerufen. Ganz besonders gilt Nikolaus als Freudebringer für die Kinder.

*Aus: Barbara Cratzius, Mit Kindern Heilige feiern, Herder Verlag, Freiburg 1985*

## Sankt Nikolaus und das Kornschiff

Im Sommer brannte die Sonne viele Monate lang auf die Erde. Alle Felder verdorrten. Keine Wolke zeigte sich am Himmel. Es regnete nicht. Alle Vorräte waren verbraucht und es brach eine große Hungersnot aus. Die Menschen waren verzweifelt. Die Kinder weinten in der Nacht vor Hunger. Bischof Nikolaus kannte die Not. Er konnte aber nicht helfen, weil er selbst nichts hatte.
Eines Tages lief im Hafen von Myra ein großes Schiff ein. Es war voll beladen mit Korn. Die Menschen liefen zum Hafen und riefen: „Verkauft uns das Korn!" „Das dürfen wir nicht. Dieses Korn gehört dem römischen Kaiser", antworteten die Matrosen. Da holten die Leute Bischof Nikolaus: „Verhandle du mit dem Kapitän", baten sie. Nikolaus ging auf das Schiff zum Kapitän. Er sprach mit ihm: „Hier leiden die Menschen großen Hunger. Verkaufe uns einen Teil deiner Ladung." „Das kann ich nicht. Alles ist genau abgewogen. Ich bin dafür verantwortlich, dass dieses Korn nach Rom kommt", erwiderte der Kapitän. Doch Nikolaus hörte nicht auf, den Kapitän zu bitten: „Hilf uns doch. Sieh die Not der Kinder! Ich versichere dir, es wird nichts an der Ladung fehlen, wenn du uns von dem Korn abgibst." Da ließ der Kapitän am Schiffsrumpf in Höhe des Wasserstandes mit Farbe einen Strich ziehen. Dann gab er seiner Mannschaft den Befehl, Korn an Land zu tragen. Er selbst stand mit Bischof Nikolaus auf der Hafenmauer und beobachtete sein Schiff. Sack für Sack Korn trugen die Matrosen an Land. Aber das Schiff stieg keinen Zentimeter höher aus dem Wasser. Erstaunt sagte der Kapitän: „Du hast recht, Bischof Nikolaus, abgeben macht nicht ärmer!"
Nach einiger Zeit riefen die Leute: „Jetzt haben wir genug Korn. Wir haben zu essen und können im Frühjahr neues Korn säen. Habt Dank, jetzt hat die Not ein Ende."
Die Menschen lobten Gott und einige dachten: „Es ist ein Wunder geschehen!"

*Neu erzählt von Hedwig Landwehr*

## Sankt Luzia (13. Dezember)

Luzia gehörte zu den treuen Anhängern Christi um das Jahr 300. In jener Zeit wurden die Christen vom römischen Kaiser Diokletian grausam verfolgt. Deshalb konnten sich die Christen nur in den Gängen der Katakomben – das sind unterirdische weit verzweigte Gänge, die als Friedhöfe dienten – treffen, um da Gottesdienste zu feiern. Luzia brachte ihren Mitchristen heimlich Lebensmittel und andere Dinge, die sie brauchten. Da es in den Gängen finster war, setzte sie sich einen Kranz mit Kerzen, eine Lichterkrone, auf den Kopf, sodass sie in der Dunkelheit den Weg fand und die Hände frei hatte, um Speisen tragen und verteilen zu können. Sie verschenkte ihre ganze Ausstattung, die für die Hochzeit zusammengestellt war, an die Armen der Stadt. Ihr heidnischer Verlobter geriet darüber in Zorn und zeigte sie wegen ihres christlichen Glaubens beim römischen Statthalter an.
Als Luzia vor Gericht stand, war sie wie ein Licht, das anderen den Weg weist. Obgleich sie erst 20 Jahre alt war, war sie so standhaft und fest in ihrem Glauben, dass keine Drohung von Strafe oder Tod sie in der Treue zu Christus erschüttern konnte. Sie wurde mit dem Schwert getötet, weil sie an Jesus Christus glaubte.
Die heilige Luzia – die Leuchtende – wird in Schweden, wo die Nächte im Advent sehr lang sind, besonders verehrt. Über Tag ist es dort nur 3 bis 4 Stunden hell! Mädchen mit Lichterkronen auf dem Kopf stellen die heilige Luzia dar und verteilen am Luziatag, dem 13. Dezember, Gaben. Auch hier bei uns wird in vielen Pfarreien an ihrem Festtag eine Luziavesper gebetet. In Luziafeiern kündigt ein Mädchen mit Lichterkrone die Geburt Jesu an, der von sich gesagt hat: „Ich bin das Licht der Welt", der aber auch gesagt hat: „So soll euer Licht vor den Menschen leuchten, damit sie eure guten Taten sehen und euren Vater im Himmel preisen" (Mt 5,16).

*Nach Josef Vink, Pfr., in Düsseldorf*

Auch nach dem Konzil ist der Name der heiligen Luzia im 1. Messkanon erhalten geblieben. Bei Ausgrabungen in Sizilien hat man die Luziakatakombe mit ihrer Grabstelle in Syrakus gefunden. Die Luziabasilika dort geht auf das 5. Jahrhundert zurück.

Lösung

## Sankt Martin

Betrachte das Bild.
Du erkennst ein Schwert.
Wer ein Schwert besitzt, ist ein *Soldat*.

Er hat *Macht*.

Wenn ein Ritter ein Schwert in der Hand hält,
spürt er deutlich: Ich bin *mächtig*.
Ich bin *stark*.
Ich bin *groß*.

Du siehst auch einen Mantel.
Er ist geteilt.
Wem könnte der Mantelteil helfen?

Einem, der *arm* ist.

Einem, der *leidet*.

Einem, der *krank* ist.

Einem, der kein *Geld* hat.

Das Bild erzählt vom heiligen *Martin*.

Er hat ein *Schwert* und er ist *mächtig*.

Aber er braucht sein Schwert nicht als *Waffe*.

Er *teilt* damit seinen Mantel.

Er *schenkt* den Mantel dem *Bettler*.

Er *steigt* vom Pferd.

Er gibt sein *Schwert* und seinen Helm dem römischen Kaiser zurück. Er teilt sein *Leben* mit den Armen.

Andere Lösungswörter sind möglicherweise auch richtig.

AB 2.1

Lösung

## Sankt Elisabeth

Du siehst auf dem Bild eine Krone.

Wer eine Krone trägt, ist eine *Königin* oder eine *Prinzessin*. Wer eine Krone trägt weiß:

Ich bin *reich*, ich bin *groß*, ich bin *mächtig*.

Du siehst am Bildrand viele kleine Blumen.

Es sind *Rosen*.

Rosen *duften* wunderschön.

Sie sind ein Zeichen der *Liebe*.

Du siehst einen Wasserkrug und ein Brot.

Wasser und Brot brauchen wir zum *täglichen* Leben.

Wer kein Brot hat, leidet große *Not*.

Er ist vom *Tod* bedroht.

Das Bild erzählt von der heiligen *Elisabeth*.

Sie wohnte auf einer *Burg*.

Sie war *reich* und *mächtig*.

Sie trug eine *Krone*.

Sie legte ihre *Krone* ab.

Sie verließ ihre *Burg*.

Aus *Liebe* verschenkte sie alles, was sie hatte, an die *Armen*.

Sie wurde eine *Schwester* der Armen.

Andere Lösungswörter sind möglicherweise auch richtig.

AB 2.2

Lösung

## Sankt Nikolaus

Du siehst auf dem Bild ein *Schiff*.

Das Schiff ist beladen mit *Korn*.

Korn bedeutet *Brot*.

Wenn Menschen Hunger leiden, kann dieses Schiff *Hilfe* bedeuten.

Du siehst eine Mitra.

Die Mitra ist ein Zeichen des *Bischofs*.

Das Bild erzählt vom heiligen *Nikolaus*.

Er ist ein *Bischof*.

Er sorgt sich um die *Menschen* in der Stadt Myra:

Er hat *Mitleid* mit ihnen.

Er will ihnen *helfen*.

Er steigt auf das Schiff und bittet um *Korn*.

Er kann *Mehl* und Brot an die *Hungernden* verteilen.

Nikolaus ist ein Bischof der *Armen*.

Andere Lösungswörter sind möglicherweise auch richtig.

AB 2.3

Lösung

## Sankt Luzia

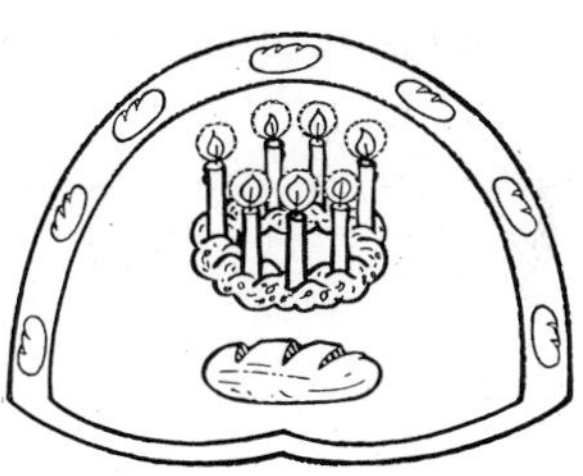

Betrachte das Bild.
Du siehst einen Kranz mit Kerzen.

Kerzen zündet man an, um die *Dunkelheit* zu vertreiben.

Kerzen verbreiten *Licht*.

Kerzen verbreiten *Wärme*.

Du erkennst das Brot.

Wer Brot hat, leidet keinen *Hunger*.

Wer Brot hat, leidet keine *Not*.

Brot ist *Leben*.

Das Bild erzählt von der heiligen *Luzia*.

Sie *verschenkte* alles, was sie besaß, und half den *Armen*, wo sie nur konnte.

Sie trägt den Kranz mit Kerzen auf ihrem *Kopf*.

Mit ihren beiden *Händen* kann sie so das *Brot* verteilen.

Sie bringt den Notleidenden *Licht*.

Sie bringt den Notleidenden *Wärme*.

Sie macht die Dunkelheit ihres *Lebens* hell und warm.

Andere Lösungswörter sind möglicherweise auch richtig.

AB 2.4

# Sankt Martin

Betrachte das Bild.
Du erkennst ein Schwert.
Wer ein Schwert besitzt, ist ein ____________________.

Er hat ____________________.

Wenn ein Ritter ein Schwert in der Hand hält,

spürt er deutlich: Ich bin ____________________.

Ich bin ____________________.

Ich bin ____________________.

Du siehst auch einen Mantel.
Er ist geteilt.
Wem könnte der Mantelteil helfen?

Einem, der ____________________ ist.

Einem, der ____________________.

Einem, der ____________________ ist.

Einem, der kein ____________________ hat.

Das Bild erzählt vom heiligen ____________________.

Er hat ein ____________________ und er ist ____________________.

Aber er braucht sein Schwert nicht als ____________________.

Er ____________________ damit seinen Mantel.

Er ____________________ den Mantel dem ____________________.

Er ____________________ vom Pferd.

Er gibt sein ____________________ und seinen Helm dem römischen Kaiser zurück. Er teilt sein ____________________ mit den Armen.

## Sankt Elisabeth

Du siehst auf dem Bild eine Krone.

Wer eine Krone trägt, ist eine ________________ oder eine ________________. Wer eine Krone trägt weiß:

Ich bin ________________, ich bin ________________, ich bin ________________.

Du siehst am Bildrand viele kleine Blumen.

Es sind ________________.

Rosen ________________ wunderschön.

Sie sind ein Zeichen der ________________.

Du siehst einen Wasserkrug und ein Brot.

Wasser und Brot brauchen wir zum ________________ Leben.

Wer kein Brot hat, leidet große ________________.

Er ist vom ________________ bedroht.

Das Bild erzählt von der heiligen ________________.

Sie wohnte auf einer ________________.

Sie war ________________ und ________________.

Sie trug eine ________________.

Sie legte ihre ________________ ab.

Sie verließ ihre ________________.

Aus ________________ verschenkte sie alles, was sie hatte, an die ________________.

Sie wurde eine ________________ der Armen.

## Sankt Nikolaus

Du siehst auf dem Bild ein ____________________.

Das Schiff ist beladen mit ____________________.

Korn bedeutet ____________________.

Wenn Menschen Hunger leiden, kann dieses Schiff ____________________ bedeuten.

Du siehst eine Mitra.

Die Mitra ist ein Zeichen des ____________________.

Das Bild erzählt vom heiligen ____________________.

Er ist ein ____________________.

Er sorgt sich um die ____________________ in der Stadt Myra:

Er hat ____________________ mit ihnen.

Er will ihnen ____________________.

Er steigt auf das Schiff und bittet um ____________________.

Er kann ____________________ und Brot an die ____________________ verteilen.

Nikolaus ist ein Bischof der ____________________.

# Sankt Luzia

Betrachte das Bild.
Du siehst einen Kranz mit Kerzen.

Kerzen zündet man an, um die ____________________ zu vertreiben.

Kerzen verbreiten ____________________.

Kerzen verbreiten ____________________.

Du erkennst das Brot.

Wer Brot hat, leidet keinen ____________________.

Wer Brot hat, leidet keine ____________________.

Brot ist ____________________.

Das Bild erzählt von der heiligen ____________________.

Sie ____________________ alles, was sie besaß, und

half den ____________________, wo sie nur konnte.

Sie trägt den Kranz mit Kerzen auf ihrem ____________________.

Mit ihren beiden ____________________ kann sie so das

____________________ verteilen.

Sie bringt den Notleidenden ____________________.

Sie bringt den Notleidenden ____________________.

Sie macht die Dunkelheit ihres ____________________ hell und warm.

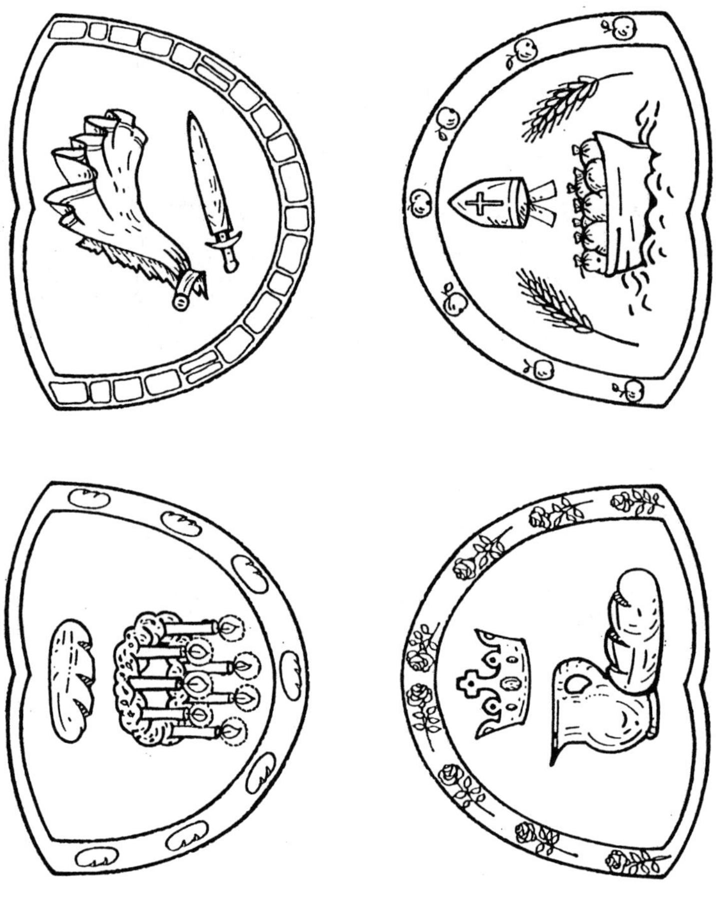

# 3 Weihnachten

## Kennenlernen der Kindheitsgeschichten nach Matthäus und Lukas

Ein besonderer Höhepunkt im Jahr ist die Zeit des Wartens auf Weihnachten. In keiner Zeit des Jahres wird im Kindergarten, in der Schule, in den Pfarrgemeinden und in den Familien so viel auf ein Fest hin getan wie in der Vorweihnachtszeit. Es wird gebacken, gebastelt, gesungen, Gedichte und Krippenspiele gelernt und bereits vor dem eigentlichen Fest dargeboten. Die jährlich neu auf dem Buchmarkt erscheinenden Vorlesebücher und -kalender zur Advents- und Weihnachtszeit bringen Texte, Sing- und Spielangebote, die vielfach soziale Probleme der heutigen Zeit in den Blickpunkt rücken. Es gibt viele Versuche, die vorweihnachtliche Geschäftigkeit und den Geschenkerummel kritisch zu hinterfragen und auf den eigentlichen Sinn von Weihnachten zu verweisen.
Die Köpfe der Kinder sind voll von Geschichten, Bildern und Eindrücken zur Weihnacht. Den meisten Kindern ist zwar bekannt, dass Christen an Weihnachten die Geburt Jesu feiern, die biblischen Erzählungen sind jedoch nicht oder nur teilweise bekannt. In der Grundschule werden sicherlich meist Unterrichtsinhalte und Verfahren im RU zum Tragen kommen, die für einen emotionalen Zugang zur Weihnachtsbotschaft von Bedeutung sind: Erlebnisgeschichten, Spiel, Gestalten und Musik prägen den RU in der Adventszeit. Es ist darüber hinaus aber notwendig, dass die Kinder im RU der Weihnachtsbotschaft in der Sprache der Bibel begegnen.

## Unterrichtliche Arbeit

Je nach Alter der Kinder

- zusammentragen, was den Kindern zu Weihnachten einfällt. Die Äußerungen der Kinder, nach biblischen und nichtbiblischen Begriffen getrennt, an der Tafel festhalten.
- über das entstandene Tafelbild nachdenken
- das Wissen der Kinder von den vier Evangelisten wiederbeleben oder ihnen davon erzählen.

Nur Matthäus und Lukas war die Kindheitsgeschichte Jesu so wichtig, dass sie diese ca. 30 Jahre nach Jesu Tod aufgeschrieben haben.
Das *Arbeitsblatt 3.1* wendet sich an jüngere Kinder. Es beschränkt sich auf eine Bilderfolge, die die Kinder ausschneiden, ordnen, in die Rahmen auf *Arbeitsblatt 3.2* kleben und ausmalen. Es entsteht eine Bildfolge, an der entlang für die Kinder und von den Kindern die Kindheitsgeschichte Jesu bibelgetreu erzählt werden kann. Kinder, die schon schreiben können, schneiden die Bilder von *Arbeitsblatt 3.1* aus, kleben sie untereinander auf ein leeres DIN-A4-Blatt und schreiben zu jedem Bild einen Satz.
Die *Arbeitsblätter 3.3* bis *3.7* sind für Kinder der 3. und 4. Klasse konzipiert.

- Texte vom *Arbeitsblatt 3.7* mit den Kindern lesen.
- Die Texte gemeinsam ordnen durch Nummerierung.
- Die Texte der Nummerierung entsprechend ausschneiden und den Bildern auf den *Arbeitsblättern 3.3* bis *3.6* zuordnen.
- Zur Kontrolle nochmals mit den Kindern lesen.
- Texte zu den Bildern kleben.
- Gemeinsam im NT feststellen, dass die Texte auf *Arbeitsblatt 3.3* und *3.4* alle von Lukas und die Texte auf *Arbeitsblatt 3.5* und *3.6* von Matthäus stammen.
- Sterne auf den *Arbeitsblättern 3.3* und *3.5* beschriften:

Weihnachtsgeschichte nach Lukas
Weihnachtsgeschichte nach Matthäus

Lösung

In jener Zeit wurde der Engel Gabriel von Gott in die Stadt Nazaret zu einer Jungfrau gesandt. Sie war mit einem Mann namens Josef verlobt. Der Name der Jungfrau war Maria.
Der Engel trat bei ihr ein und sagte: Sei gegrüßt, du Begnadete, der Herr ist mit dir. Sie erschrak über die Anrede und überlegte, was dieser Gruß zu bedeuten habe. Da sagte der Engel zu ihr: Fürchte dich nicht, Maria; denn du hast bei Gott Gnade gefunden. *Du wirst ein Kind empfangen, einen Sohn wirst du gebären: dem sollst du den Namen* Jesus *geben.* Er wird groß sein und Sohn des Höchsten genannt werden. *Seine Herrschaft* wird kein Ende haben.
Maria sagte zu dem Engel: Wie soll das geschehen, da ich keinen Mann erkenne? Der Engel antwortete ihr: Der Heilige Geist wird über dich kommen und die Kraft des Höchsten wird dich überschatten. Deshalb wird auch das Kind heilig und Sohn Gottes genannt werden.
Da sagte Maria: Ich bin die Magd des Herrn; mir geschehe, wie du es gesagt hast. Danach verließ sie der Engel.

In dieser Zeit erließ Kaiser Augustus den Befehl alle Bewohner des Reiches in Steuerlisten einzutragen. Da begab sich jeder in seine Stadt um sich eintragen zu lassen.
So zog auch Josef von der Stadt Nazaret in Galiläa hinauf nach Judäa in die Stadt Davids, die Betlehem heißt; denn er war aus dem Haus und Geschlecht Davids. Er wollte sich eintragen lassen mit Maria, seiner Verlobten, die ein Kind erwartete. Als sie dort waren, kam für Maria die Zeit ihrer Niederkunft und sie gebar ihren Sohn, den Erstgeborenen. Sie wickelte ihn in Windeln und legte ihn in eine Krippe, weil in der Herberge kein Platz für sie war.

AB 3.3

Lösung

In jener Gegend lagerten Hirten auf freiem Feld und hielten Nachtwache bei ihrer Herde. Da trat der Engel des Herrn zu ihnen, und der Glanz des Herrn umstrahlte sie. Sie fürchteten sich sehr, der Engel aber sagte zu ihnen: Fürchtet euch nicht, denn ich verkünde euch eine große Freude, die dem ganzen Volk zuteil werden soll. Heute ist euch in der Stadt Davids der Retter geboren; er ist der Messias, der Herr. Und das soll euch als Zeichen dienen: Ihr werdet ein Kind finden, das in Windeln gewickelt in einer Krippe liegt. Und plötzlich war bei dem Engel ein großes himmlisches Heer, das Gott lobte.

Als die Engel sie verlassen hatten und in den Himmel zurückgekehrt waren, sagten die Hirten zueinander: Kommt, wir gehen nach Betlehem um das Ereignis zu sehen, das uns der Herr verkünden ließ. So eilten sie hin und fanden Maria und Josef und das Kind, das in der Krippe lag.

AB 3.4

Lösung

Als Jesus zur Zeit des Königs Herodes in Betlehem in Judäa geboren worden war, kamen Sterndeuter aus dem Osten nach Jerusalem und fragten: Wo ist der neugeborene König der Juden? Wir haben seinen Stern aufgehen sehen und sind gekommen um ihm zu huldigen. Als König Herodes das hörte, erschrak er und mit ihm ganz Jerusalem. Er ließ alle Hohenpriester und Schriftgelehrten des Volkes zusammenkommen und erkundigte sich bei ihnen, wo der Messias geboren werden solle. Sie antworteten ihm: In Bethlehem in Judäa; denn so steht es bei dem Propheten.
Danach rief Herodes die Sterndeuter heimlich zu sich und ließ sich von ihnen genau sagen, wann der Stern erschienen war. Dann schickte er sie nach Betlehem und sagte: Geht und forscht sorgfältig nach, wo das Kind ist; und wenn ihr es gefunden habt, berichtet mir, damit auch ich hingehe und ihm huldige. Nach diesen Worten des Königs machten sie sich auf den Weg.

Und der Stern, den sie hatten aufgehen sehen, zog vor ihnen her bis zu dem Ort, wo das Kind war, dort blieb er stehen. Als sie den Stern sahen, wurden sie von sehr großer Freude erfüllt. Sie gingen in das Haus und sahen das Kind und Maria, seine Mutter; da fielen sie nieder und huldigten ihm. Dann holten sie ihre Schätze hervor und brachten ihm Gold, Weihrauch und Myrrhe als Gaben dar.

AB 3.5

Lösung

Als die Sterndeuter wieder gegangen waren, erschien dem Josef im Traum ein Engel des Herrn und sagte: Steh auf, nimm das Kind und seine Mutter und flieh nach Ägypten; dort bleibe, bis ich dir etwas anderes auftrage; denn Herodes wird das Kind suchen um es zu töten. Da stand Josef in der Nacht auf und floh mit dem Kind und dessen Mutter nach Ägypten. Dort blieb er bis zum Tod des Herodes.

AB 3.6

1

2

3

4

5

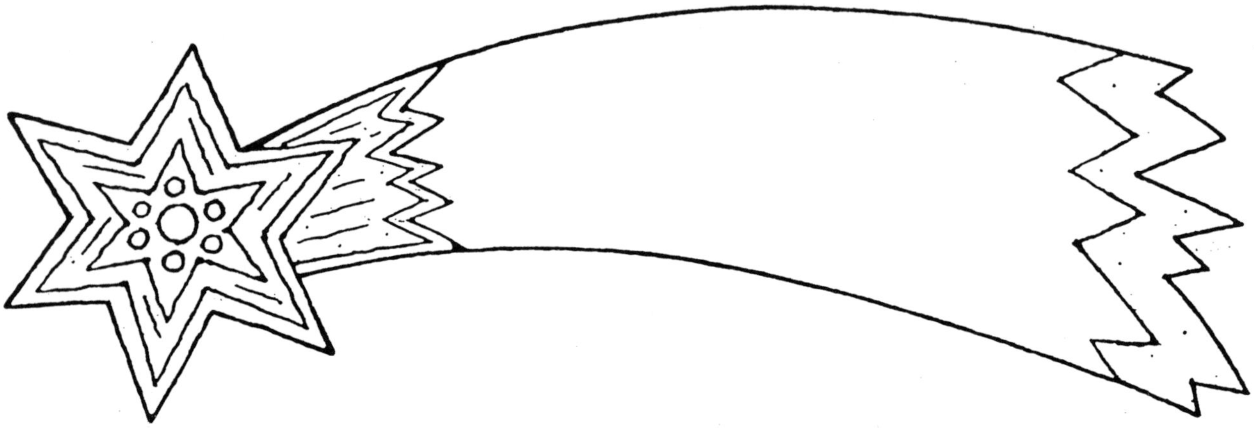

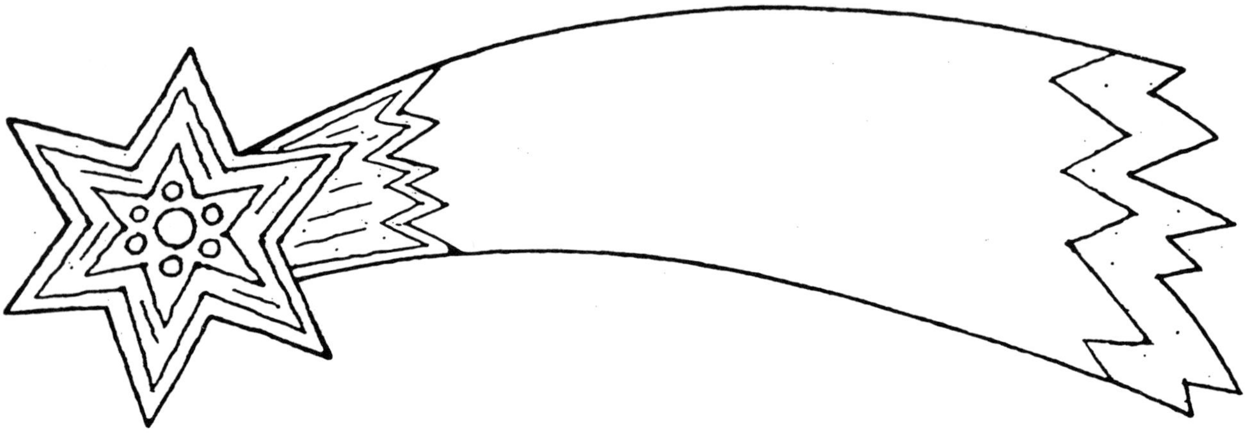

In dieser Zeit erließ Kaiser Augustus den Befehl alle Bewohner des Reiches in Steuerlisten einzutragen. Da begab sich jeder in seine Stadt um sich eintragen zu lassen.
So zog auch Josef von der Stadt Nazaret in Galiläa hinauf nach Judäa in die Stadt Davids, die Betlehem heißt; denn er war aus dem Haus und Geschlecht Davids. Er wollte sich eintragen lassen mit Maria, seiner Verlobten, die ein Kind erwartete. Als sie dort waren, kam für Maria die Zeit ihrer Niederkunft und sie gebar ihren Sohn, den Erstgeborenen. Sie wickelte ihn in Windeln und legte ihn in eine Krippe, weil in der Herberge kein Platz für sie war.

In jener Gegend lagerten Hirten auf freiem Feld und hielten Nachtwache bei ihrer Herde. Da trat der Engel des Herrn zu ihnen, und der Glanz des Herrn umstrahlte sie. Sie fürchteten sich sehr, der Engel aber sagte zu ihnen: Fürchtet euch nicht, denn ich verkünde euch eine große Freude, die dem ganzen Volk zuteil werden soll. Heute ist euch in der Stadt Davids der Retter geboren; er ist der Messias, der Herr. Und das soll euch als Zeichen dienen: Ihr werdet ein Kind finden, das in Windeln gewickelt in einer Krippe liegt. Und plötzlich war bei dem Engel ein großes himmlisches Heer, das Gott lobte.

Als Jesus zur Zeit des Königs Herodes in Betlehem in Judäa geboren worden war, kamen Sterndeuter aus dem Osten nach Jerusalem und fragten: Wo ist der neugeborene König der Juden? Wir haben seinen Stern aufgehen sehen und sind gekommen um ihm zu huldigen. Als König Herodes das hörte, erschrak er und mit ihm ganz Jerusalem. Er ließ alle Hohenpriester und Schriftgelehrten des Volkes zusammenkommen und erkundigte sich bei ihnen, wo der Messias geboren werden solle. Sie antworteten ihm: In Betlehem in Judäa; denn so steht es bei dem Propheten.
Danach rief Herodes die Sterndeuter heimlich zu sich und ließ sich von ihnen genau sagen, wann der Stern erschienen war. Dann schickte er sie nach Betlehem und sagte: Geht und forscht sorgfältig nach, wo das Kind ist; und wenn ihr es gefunden habt, berichtet mir, damit auch ich hingehe und ihm huldige. Nach diesen Worten des Königs machten sie sich auf den Weg.

In jener Zeit wurde der Engel Gabriel von Gott in die Stadt Nazaret zu einer Jungfrau gesandt. Sie war mit einem Mann namens Josef verlobt. Der Name der Jungfrau war Maria.
Der Engel trat bei ihr ein und sagte: Sei gegüßt, du Begnadete, der Herr ist mit dir. Sie erschrak über die Anrede und überlegte, was dieser Gruß zu bedeuten habe. Da sagte der Engel zu ihr: Fürchte dich nicht, Maria; denn du hast bei Gott Gnade gefunden. *Du wirst ein Kind empfangen, einen Sohn wirst du gebären: dem sollst du den Namen* Jesus *geben.* Er wird groß sein und Sohn des Höchsten genannt werden. *Seine Herrschaft* wird kein Ende haben. Maria sagte zu dem Engel: Wie soll das geschehen, da ich keinen Mann erkenne? Der Engel antwortete ihr: Der Heilige Geist wird über dich kommen und die Kraft des Höchsten wird dich überschatten. Deshalb wird auch das Kind heilig und Sohn Gottes genannt werden.
Da sagte Maria: Ich bin die Magd des Herrn; mir geschehe, wie du es gesagt hast. Danach verließ sie der Engel.

Als die Engel sie verlassen hatten und in den Himmel zurückgekehrt waren, sagten die Hirten zueinander: Kommt, wir gehen nach Betlehem um das Ereignis zu sehen, das uns der Herr verkünden ließ. So eilten sie hin und fanden Maria und Josef und das Kind, das in der Krippe lag.

**Und der Stern, den sie hatten aufgehen sehen, zog vor ihnen her bis zu dem Ort, wo das Kind war, dort blieb er stehen. Als sie den Stern sahen, wurden sie von sehr großer Freude erfüllt. Sie gingen in das Haus und sahen das Kind und Maria, seine Mutter; da fielen sie nieder und huldigten ihm. Dann holten sie ihre Schätze hervor und brachten ihm Gold, Weihrauch und Myrrhe als Gaben dar.**

Als die Sterndeuter wieder gegangen waren, erschien dem Josef im Traum ein Engel des Herrn und sagte: Steh auf, nimm das Kind und seine Mutter und flieh nach Ägypten; dort bleibe, bis ich dir etwas anderes auftrage; denn Herodes wird das Kind suchen um es zu töten. Da stand Josef in der Nacht auf und floh mit dem Kind und dessen Mutter nach Ägypten. Dort blieb er bis zum Tod des Herodes.

# 4 Silvester – Neujahr

## Jesus Christus – der wahre Glücksbringer

Die Jahreswende wird von den meisten Menschen als etwas Bedeutungsvolles empfunden. Man blickt zurück auf das alte Jahr und denkt erwartungsvoll, was das neue Jahr bringen wird.
Die Silvesternacht vom 31. Dezember zum 1. Januar wird laut gefeiert. Man geht zu Silvesterpartys, zu Silvesterfeten, Silvesterbällen und man versammelt sich um Mitternacht auf öffentlichen Plätzen und Brücken, wo man das Neujahrsfeuerwerk gut sehen kann.
In früheren Zeiten trafen sich die Menschen zur Jahreswende, weil sie glaubten, damit die bösen Geister fernzuhalten, die auf die guten Absichten für das neue Jahr böse einwirken könnten. Geschrei, Gelächter, Lichter und Böllerschüsse dienten dazu, die bösen Geister und das Dunkel zu vertreiben. Das wissen heute nur noch wenige. Sie lärmen aus Freude. Die Menschen bewundern das farbenprächtige Feuerwerk, und noch so eindringliche Appelle, das Geld doch angesichts der Not in der Welt nicht so zu „verpulvern“, fruchten nur wenig. Wenn das neue Jahr beginnt, rufen sich die Leute „Prosit Neujahr“ zu und meinen damit „Wohl bekomm's – das neue Jahr!“ Viele schenken sich gegenseitig kleine Glücksbringer ohne zu wissen, wo diese ihren Ursprung haben.
Ein *Hufeisen* war vielleicht deshalb glücksverheißend, weil es vom Pferd des Germanengottes Wotan bei der wilden Jagd abfiel. Es kann aber auch durch den Glauben an die magische Kraft des Eisenerzes in früherer Zeit entstanden sein, als Eisen noch zu den kostbaren Metallen zählte. Wie auch immer das Hufeisen geöffnet ist – es bringt stets Glück ins Haus: nach oben oder außen geöffnet, empfängt es das Glück; nach innen oder unten offen, schüttet es das Glück über den Empfänger aus.
Ein *Glücksschwein* erinnert an das Opfertier der Germanen, den wilden Eber. Durch sein Opfer sollten die Götter milde gestimmt werden. Vielleicht bedeutete es aber auch ein besonderes Jagdglück, ein derart wildes Ungetüm zu erbeuten.
Der *vierblättrige Glücksklee* gilt in weiten Teilen Europas und in den Vereinigten Staaten als Glückssymbol. Das rührt wohl daher, dass er so selten vorkommt, wie das Glück sich einstellt. Seine Aufgaben sind Schutz vor Unglück, dazu Vorteile im Spiel und ein geheimnisvoller Liebeszauber.
Hinter dem Schenken dieser Glücksbringer steht das unbewusste Wissen, dass der Mensch einer ungewissen Zukunft ausgeliefert ist. Er kann selbst nicht alles planen, beeinflussen und machen. Er kann sein Glück nicht erzwingen. An keiner Stelle des Jahres werden sich die Menschen gemeinsam ihrer Ohnmacht so bewusst wie zur Jahreswende. Vielleicht lärmen sie deshalb so in der Silvesternacht, ähnlich unseren kleinen Kindern, die im Dunkeln laut singen um ihre Angst zu übertönen.
Kinder begegnen den Neujahrsbräuchen, ohne dass jemand mit ihnen darüber nachdenkt. Regt man Kinder jedoch zum Nachdenken darüber an, so zeigen sie sich recht interessiert und sind in der Lage, einige Erklärungen für die Bräuche selbst zu finden. Die Kinder kennen den Ausspruch „Der hat Schwein gehabt“ und sie entdecken den möglichen Ursprung dieses Ausspruches in der Tatsache, dass früher ‚ein Schwein haben‘ bedeutete im Winter mit Essen versorgt zu sein. Sie haben auch schon gehört, dass man zu jemandem sagt „Du bist ein Glückspilz“. Sie wissen, dass ein Hufeisen unzerbrechlich und ein vierblättriges Kleeblatt selten zu finden ist.
Über all das Profane der Silvester- und Neujahrsbräuche hinaus sollten wir im RU versuchen, die Kinder zu einer tieferen Schau der Jahreswende zu führen. Neujahr steht noch im Glanz des Weihnachtsfestes. In den meisten Familien leuchten noch die Lichter des Weihnachtsbaumes und in vielen Familien steht noch die Krippe im Wohnzimmer. Beide führen uns den wahren „Glücksbringer“ vor Augen, der zuverlässig Licht in die Dunkelheit bringt, an dem wir uns auch in dunklen Zeiten festhalten können: *Jesus Christus*. Seit seiner Geburt wissen wir Christen zuverlässig, Gott ist der Herr über die Zeit. Wir dürfen uns auf ihn verlassen, so wie Dietrich Bonhoeffer es ausdrückte: „Von guten Mächten wunderbar geborgen, erwarten wir getrost, was kommen mag. Gott ist mit uns am Abend und am Morgen und ganz gewiss an jedem neuen Tag.“

## Unterrichtliche Arbeit

Das Gedicht „Neujahrswunsch“ oder das Lied „Das alte ist vergangen“ bieten die Möglichkeit, mit den Kindern über die oben dargelegten Gedanken ins Gespräch zu kommen.
Das *Arbeitsblatt 4.1* kann von den jüngeren Kindern ausgemalt und mit der jeweiligen Jahreszahl vervollständigt werden.
Das *Arbeitsblatt 4.2* kann von Kindern, die schreiben können, bearbeitet werden.

## Neujahrswunsch

Ein neues Jahr nimmt seinen Lauf.
Die junge Sonne steigt herauf.
Bald schmilzt der Schnee, bald taut das Eis.
Bald schwillt die Knospe schon am Reis.
Bald werden die Wiesen voll Blumen sein,
die Äcker voll Korn, die Hügel voll Wein.
Und Gott, der ewig mit uns war,
behüt' uns auch im neuen Jahr.
Und ob wir nicht bis morgen schaun,
wir wollen hoffen und vertraun.

*Volksgut*

## Neujahrslied

Das alte ist vergangen,
das neue angefangen.
Viel Glück, viel Glück
zum neuen Jahr!

Frisch auf zu neuen Taten!
Hilft Gott, es muss geraten.
Viel Glück, viel Glück
zum neuen Jahr!

*Aus Westfalen*

**Lösung**

### Neujahr

Zu Silvester und am Neujahrstag schenken sich viele Leute solche Dinge aus Marzipan, Schokolade oder aus Pappe. Sie halten diese Zeichen für Glücksbringer.

*Hufeisen*

*vierblättriges Kleeblatt*

*Schornsteinfeger*

*Glücksschwein*

*Glückspfennig*

*Glückspilz*

Sie wollen damit sagen:
*Viel Glück im neuen Jahr!*

Christen wünschen sich bei der Jahreswende auch *Viel Glück!*

Weil sie wissen, dass es kein Glück ohne *Gott* gibt, sagen sie:
*Gottes Segen im neuen Jahr! – Ein glückseliges neues Jahr!*

Viele Christen *danken* Gott an der Jahreswende für alles im vergangenen Jahr und *bitten* Gott um seinen *Segen* für das neue Jahr. Von vielen Kirchtürmen läuten zur Jahreswende die *Glocken*.

AB 4.2

## Neujahr

# VIEL GLÜCK
# UND GOTTES SEGEN
# FÜR

# Neujahr

Zu Silvester und am Neujahrstag schenken sich viele Leute solche Dinge aus Marzipan, Schokolade oder aus Pappe. Sie halten diese Zeichen für Glücksbringer.

______________________ ______________________ ______________________

______________________ ______________________ ______________________

Sie wollen damit sagen:

______________________________________________________________________

Christen wünschen sich bei der Jahreswende auch *Viel Glück!*

Weil sie wissen, dass es kein Glück ohne *Gott* gibt, sagen sie:

______________________________________________________________________

Viele Christen ____________________ Gott an der Jahreswende für alles im vergangenen Jahr und ____________________ Gott um seinen ____________________ für das neue Jahr. Von vielen Kirchtürmen läuten zur Jahreswende die ____________________.

# 5 Epiphanias

## Die Sternsinger – alter Brauch, neu gedeutet

Die Botschaft des Weihnachtsfestkreises, die sich in den Festen und Tagen zwischen dem 24. Dezember bis 6. Januar entfaltet, wird in dem wiederbelebten Brauch des Sternsingens auf spielerische Weise sowohl für die Darsteller beim Sternsingen als auch für die Betrachter im Spiel zusammengefasst und gedeutet:
Das an Weihnachten in dunkler Nacht aufstrahlende Licht unseres Gottes hat die Welt verändert. Wir sagen, bei seiner Geburt geschah die Zeitenwende. Seitdem zählen wir unsere Jahre nach Jesus Christus. Jedes neue Jahr steht seitdem unter seinem guten Stern. Sinnfällig tragen die Sternsinger sein Licht in unsere Häuser und schreiben seinen Segen für das neue Jahr an unsere Türen: *Christus – mansionem – benedicat,* Christus segne dieses Haus. 19 C + M + B 94, so lautet ihr Segensspruch. Die Sternsinger laden uns gleichzeitig ein dem Stern des neuen Königs zu folgen, wie es die Weisen aus dem Orient taten. In seiner Nachfolge leben heißt Licht werden für die, die im Dunkeln sind. Darum bitten uns die Sternsinger seit 1980 jährlich um eine großherzige Spende für die Kinder in Not. Das Ziel der Sternsingeraktion, die vom Päpstlichen Missionswerk der Kinder (PMK) und dem Bund der Deutschen Katholischen Jugend durchgeführt wird, lautet: „Den Kindern helfen, dass sie leben können." Wer sich ernsthaft auf das Spiel der Sternsinger einlässt, erfährt etwas über den Weg, den das Evangelium, die Botschaft vom Mensch gewordenen Gott, uns deuten will:
- Gottes weg zu uns,
- unser Weg zu Gott,
- unser Weg zu den Mitmenschen.

## Unterrichtliche Arbeit

Die jüngeren Kinder sollen bedenken, dass im Spiel von den Sternsingern die Botschaft des Epiphaniastages weitergetragen werden soll. Auch über uns und unser Jahr leuchtet der Stern „Jesus Christus".
Das *Arbeitsblatt 5.1* bietet einen Sprechanlass zur Deutung des Spiels von den Sternsingern.
- Die Kinder erfahren die Bedeutung der Anfangsbuchstaben C + M + B des Segensspruches „Christus mansionem benedicat" oder Caspar – Melchior – Balthasar.
- Sie malen das *Arbeitsblatt 5.1* aus und tragen auf dem Türbalken den Segenswunsch der Sternsinger ein: 19 C + M + B 94.

Die größeren Kinder sollen den Brauch des Sternsingens in seiner neuen Sinngebung (seit 1980) deuten lernen. Wer dem Licht des Mensch gewordenen Gottes begegnet ist, muss selbst zum Stern- und Lichtträger werden. Er muss die Liebe, die er empfangen hat, weiterschenken. *Die Geschichte „Schwester, was ist Liebe"* (S. 38) erzählt eindrucksvoll, wie viel Licht von Menschen ausgehen kann, die vom Licht Gottes beschenkt ihr Leben gestalten. Sternsingen bedeutet Licht bringen. Das ist die Aussage des Gedichtes, das die Kinder im Sternpuzzle auf *Arbeitsblatt 5.2* zusammenfügen sollen. Die Mitte des Sterns – die Weltkugel von Kindern aller Hautfarben umringt – soll im oben beschriebenen Sinn gedeutet werden.
- Das *Arbeitsblatt 5.2* ist Sprechanlass. Seine Mitte soll bedacht werden.
- Den Kindern von der Sternsingeraktion erzählen.
- Die Sternenzacken auf *Arbeitsblatt 5.3* ausschneiden und das Gedicht auf den sechs Zacken in dem Stern auf *Arbeitsblatt 5.2* zusammenfügen.
- Das Gedicht lesen und bedenken. Dann erst die Zacken festkleben.
- Die Quadrate zwischen den Zacken sinnvoll gestalten.
  Anregungen zur Gestaltung aus dem Segenswunsch der Sternsinger am unteren Blattrand entnehmen. Der Segenswunsch der Sternsinger kann fünf Quadrate füllen.
- Für das sechste Quadrat Vorschläge sammeln: Es soll ein passendes Zeichen gefunden werden für den, von dem der Stern in Betlehem berichtet: Krippe – Kreuz – . . .

**Hinweise**

Material zur Sternsingeraktion kann beim Päpstlichen Missionswerk der Kinder, Stephanstraße 35, 52064 Aachen, angefordert werden

**Gedicht im Stern**

Wir sind die drei aus dem Morgenland,
euch Christen allen wohlbekannt!
Wir gehen jetzt von Haus zu Haus
und rufen unsere Botschaft aus:
Der Stern in unserer schwachen Hand
wird Stern der Hoffnung auch genannt!

Mit diesem Zeichen stehen wir
nun bittend auch vor eurer Tür!
Die wahre Botschaft von dem Stern
führt uns zum Leben unseres Herrn,
der im Gesicht der Armen lebt
und in euch ist, so ihr freudig gebt!

## Schwester, was ist Liebe?

Da ist Nujumo. Seine Geschichte ist die vieler Kinder in Uganda. Im Bürgerkrieg wurde er mit zehn Jahren Kindersoldat. Das Gewehr, das man ihm in die Hand drückte, war größer als er. Als der Bürgerkrieg vorbei war, hatte er keinen Menschen mehr. Der Vater war gestorben, die Mutter von Soldaten erstochen. Er schloss sich einer Kinderbande an. Doch er bekam Malaria. Da sagte der Anführer: „Den können wir nicht mehr brauchen. Wenn ich ein Gewehr hätte, würde ich ihn erschießen." Sie legten den kranken Nujumo irgendwo an den Wegrand und überließen ihn seinem Schicksal. Er wäre gestorben, wenn Schwester Esther ihn nicht gefunden hätte. Schwester Esther nahm ihn mit in ein Waisenhaus, das von den Sternsingern unterstützt wird. „Er kann es nicht schaffen", sagten die Mitschwestern. Aber Schwester Esther kämpfte um sein Leben. Und es geschah ein Wunder, Nujumo erholte sich zusehends. Seine ersten Worte waren: „Wo bin ich?" Schwester Esther erklärte es ihm, sprach von Liebe und ließ ihn Liebe spüren. Aber Nujumo fragte: „Schwester, was ist Liebe?" Verständlich diese Frage! Er hatte ja in den letzten Jahren nur Hass erfahren. Inzwischen ist Nujumo ein froher Junge geworden. Oft sitzt er in der Kapelle des Waisenhauses. Zu Schwester Esther hat er gesagt: „Jetzt weiß ich, was Liebe ist. Liebe, das ist der Himmel."

*Aus: Aktion Dreikönigssingen – Pressetext Dezember 1989*

**Lösung**

AB 5.2

## Dreikönigstag – Sternsingertag

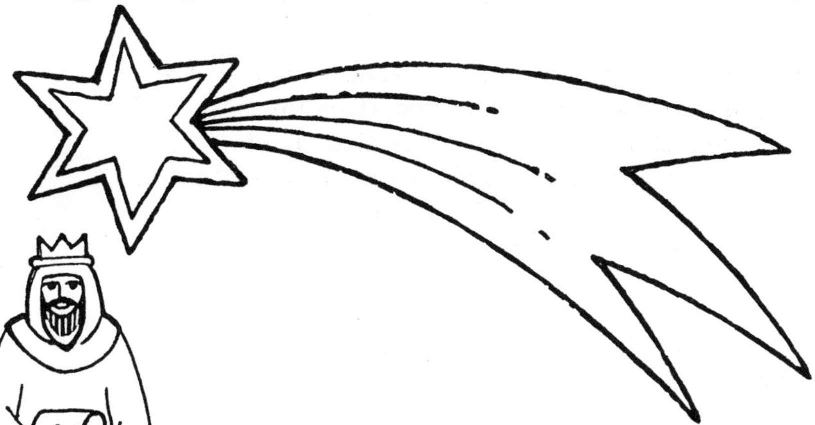

Wir kommen aus dem Morgenland,
wir kommen geführt von Gottes Hand.
Wir wünschen euch ein fröhliches Jahr:
Caspar, Melchior und Balthasar.

Wir bitten dich: Segne nun dieses Haus
und alle, die gehen ein und aus!
Verleihe ihnen zu dieser Zeit
Frohsinn, Frieden und Einigkeit!

## Dreikönigstag – Sternsingertag

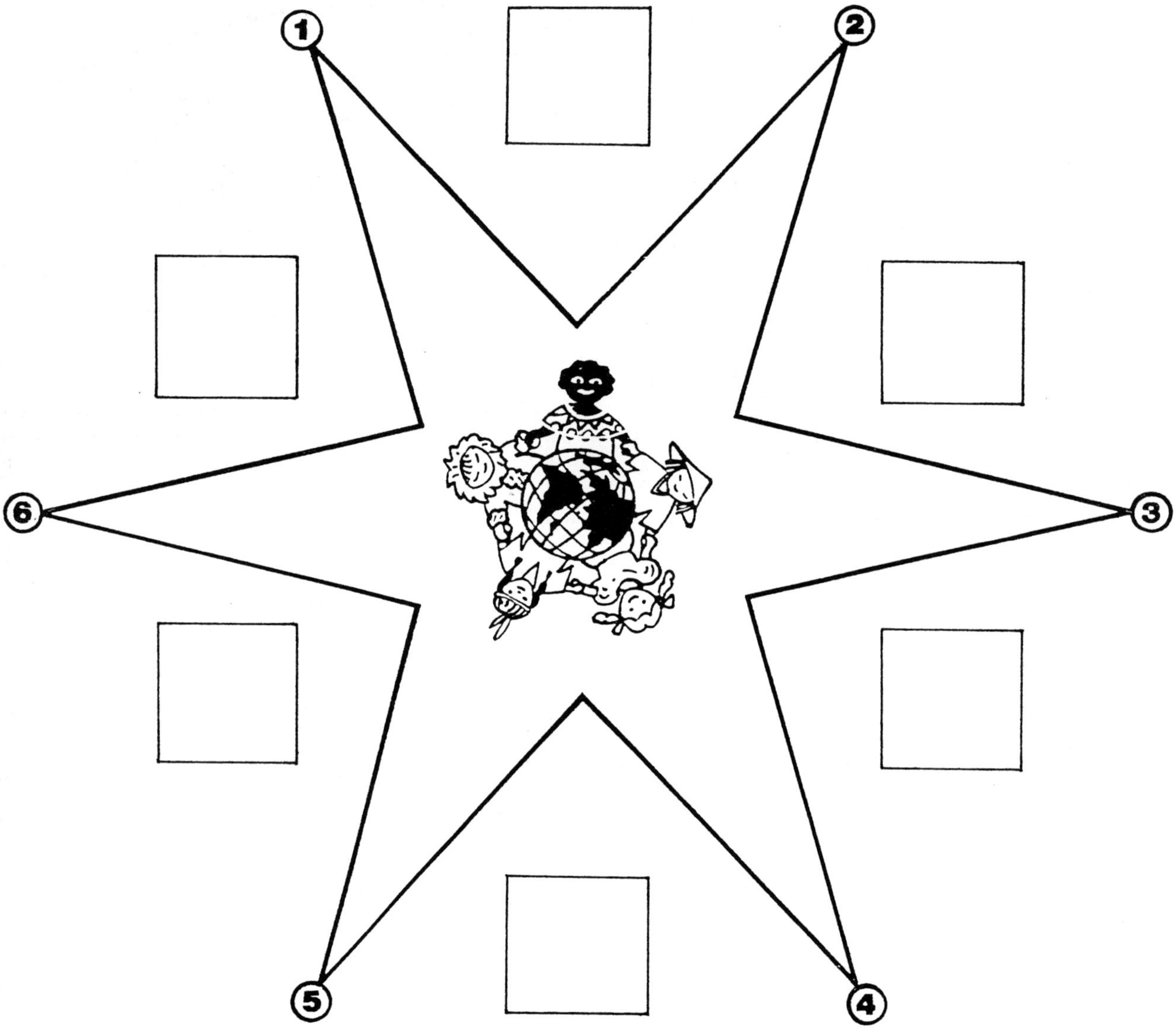


*Nun wünschen Caspar Melchior Balthasar*
*Euch allen ein frohes, gesegnetes Jahr*

(1)

WIR SIND DIE DREI AUS DEM MORGENLAND,
EUCH CHRISTEN ALLEN WOHLBEKANNT!

DER IM GESICHT DER ARMEN LEBT
UND IN EUCH IST, SO IHR FREUDIG GEBT!

MIT DIESEM ZEICHEN STEHEN WIR
NUN BITTEND AUCH VOR EURER TÜR!

DER STERN IN UNSERER SCHWACHEN HAND
WIRD STERN DER HOFFNUNG AUCH GENANNT!

WIR GEHEN JETZT VON HAUS ZU HAUS,
UND RUFEN UNSERE BOTSCHAFT AUS:

DIE WAHRE BOTSCHAFT VON DEM STERN
FÜHRT UNS ZUM LEBEN UNSERES HERRN

# 6 Lichtmess

## Ich bin das Licht der Welt – Ihr seid das Licht der Welt

Vierzig Tage nach Weihnachten, am 2. Februar, feiert die Kirche das Fest Maria Lichtmess. Vor der Liturgieform endete mit diesem Tag der Weihnachtsfestkreis. Heute geht die Weihnachtszeit mit dem Sonntag nach Erscheinung des Herrn (Fest der Taufe Jesu) zu Ende, und der Lichtmesstag wird kaum noch wahrgenommen.
Im Zentrum des Festes steht die „Darstellung des Herrn im Tempel" und die Begegnung mit ihm (Lk 2,22–38). Der Name „Maria Lichtmess" könnte bei der Interpretation des Festgedankens leicht missverständlich sein. In seinem Ursprung (4. Jh.) ist dieser Tag zunächst ein Christusfest. Er preist Christus als das wahre Licht, das in der Weihnacht und an Epiphanias in der Welt erstrahlt. Diesem Licht begegnet der vom Geist erleuchtete greise Simeon, als Maria am 40. Tag nach der Geburt das Kind in den Tempel bringt, um es Gott zu weihen.
„Simeon nahm das Kind auf seine Arme und lobte Gott: Jetzt will ich gerne sterben, denn meine Augen haben dein Heil gesehen, das du für alle Völker bereitet hast. Das Licht zur Erleuchtung der Heiden und zum Ruhm seines Volkes Israel" (Lk 2,28–32).
Im Zentrum der Liturgie dieses Tages steht die Lichterprozession. Die Kerzen, die wir in den Händen halten, sind Sinnbild für das Licht: Jesus Christus. Zugleich machen sie deutlich, dass wir selber durch Christus hell werden. Wer zu ihm gehört, wandelt nicht mehr in der Finsternis (Joh 8,12). Gott hat ihn durch Jesus Christus aus der Finsternis in sein wunderbares Licht berufen (1 Petr 2,9). Er wird Kind des Lichtes (Joh 12,36) und soll in diesem Licht leben (Joh 1,7).
Zur vollen Entfaltung gelangt die Botschaft vom Licht, Jesus Christus, in der Osternacht. Im Zeichen der Osterkerze wird der endgültige Triumph des Lichtes über die Finsternis des Todes sinnenfällig. So verstanden ist Lichtmess ein österliches Fest, das uns einen Weg weist, Weihnachten von Ostern her zu begreifen. Vom Schein der schimmernden Kerzen bei der Messfeier erhielt es seinen Namen.

## Unterrichtliche Arbeit

- Licht und Finsternis sind uralte Symbole für das menschliche Dasein. Glück, Freiheit, Leben werden als licht und hell erlebt, Unglück, Not, Krankheit und Tod als dunkel.
- Die Kerze ist das Zeichen für die lichtvolle Gegenwart Gottes in unserem Leben. Es gibt keinen Kirchenraum und keine liturgische Feier, die nicht von Kerzen erhellt werden. Bei Taufe, Erstkommunion, Trauung, der Krankensalbung leuchten die Kerzen als sichtbares Zeichen für die Zusage Jesu „Wer mir nachfolgt, der wandelt nicht in der Finsternis" (Joh 8,12).
- Um diese Sprache der Kerzen erfahren zu können und verstehen zu lernen, bedarf es vielfältiger „Lichtbegegnungen" zu den verschiedensten Zeiten des Kirchenjahres (z. B. Advent, Weihnachten, Ostern . . .)
- Den Lichtmesstag kennen lernen kann man am besten, wenn man an der festlichen Lichterprozession teilnimmt, in der Christus als das Licht der Welt gegrüßt wird. Ein Schulgottesdienst aus diesem Anlass wäre dazu besonders geeignet.
- Ein Besuch des Kirchenraumes unter besonderem Hinweis auf die verschiedenen Kerzen ist unverzichtbar. Er führt die Kinder zum bewussten Wahrnehmen und leitet zur Deutung des Herrenwortes an „Ich bin das Licht der Welt" (Joh 8,12): Osterkerze, Altarkerzen, ewiges Licht, Prozessionskerzen bei der Verkündigung des Evangeliums, Apostelleuchter an den Weihestellen der Kirche, Andachts- oder Opferkerzen vor dem Marienbild o. Ä.
- Die Kinder benennen die verschiedenen Kerzen im Kirchenraum und lernen die verschiedenen Kerzen im Leben des katholischen Christen kennen und benennen.
- Sie lernen die Kerze – vor allem die Osterkerze – als Sinnbild Christi sehen und erfahren, dass alle Kerzen im Kirchenraum Zeugen seiner Gegenwart sind.
- Sie setzen die Kerze in Beziehung zu dem Wort Jesu: „Ich bin das Licht der Welt."
- Am Beispiel der Taufkerze, der Kommunionkerze und der Brautkerze lernen sie verstehen, dass alle, die zu Christus gehören, von ihm das Licht empfangen und seinen Auftrag „Ihr seid das Licht der Welt" (Mt 5,14) in ihrem Leben verwirklichen sollen. Diese Kerzen werden beim Empfang des Sakramentes als Zeichen des neuen, lichtvollen Lebens in uns angezündet. Sie bleiben nicht in der Kirche, sondern der Christ nimmt sie mit nach draußen in sein Haus, in sein Leben. Sie sollen ihn stets erinnern, dass sein Licht vor den Menschen leuchten soll (Mt 5,16).
- Die Kinder erkennen die verschiedenen Kerzendarstellungen auf dem *Arbeitsblatt 6.1,* benennen diese, gestalten sie sinnvoll und schreiben den jeweiligen Namen dazu.
- Das *Arbeitsblatt 6.2* stellt eine Erweiterung dar. Den einzelnen Kerzen wird außer dem Namen ein Schriftwort der Bibel zugeordnet. Die Anzahl der Schriftstellen, die Gott als das Licht im AT und NT

bezeugen, ist sehr groß. Es ist für die Kinder sicher eindrucksvoll einer größeren Auswahl von Schriftstellen zu begegnen, das Gemeinsame zu bedenken und aus diesen Stellen die Erkenntnis zu gewinnen, dass das Licht „Jesus Christus" Licht *für* uns ist. Keine dieser Stellen spricht von Jesus Christus allein, sondern alle bezeugen, dass jeder der an ihn glaubt, selber hell wird und die Verpflichtung übernimmt, selbst ein Licht für die Welt zu werden. Eine *Textarbeit* an den vorgelegten Stellen auf *Arbeitsblatt 6.3* könnte dies verdeutlichen.

- Unterstreiche in allen Schriftstellen die Begriffe „Licht" – „Leben" – „leuchten" gelb.
- Unterstreiche ebenfalls die Wörter gelb, mit denen Jesus von Gott oder von sich spricht.
- Unterstreiche die Wörter blau, die uns – die Christen – nennen.
- Den Kerzen auf dem *Arbeitsblatt 6.2* soll der richtige Name zugeordnet und ihre Bedeutung im Sinne der beiden Schriftworte bedacht werden.
- Aus den acht Schriftstellen *auf Arbeitsblatt 6.3* sollen sieben ausgewählt und jeweils einer Kerze zugeordnet werden. Die Zuordnung soll begründet werden. Da eine Textstelle übrig bleibt und nur einige Stellen eindeutig in der Zuordnung sind, muss sich das Kind erneut mit den Texten auseinander setzen und seine Auswahl begründen. Es geht um die Auswahl der Stellen, die dem Kind bedeutungsvoll sind und es am stärksten beeindrucken.

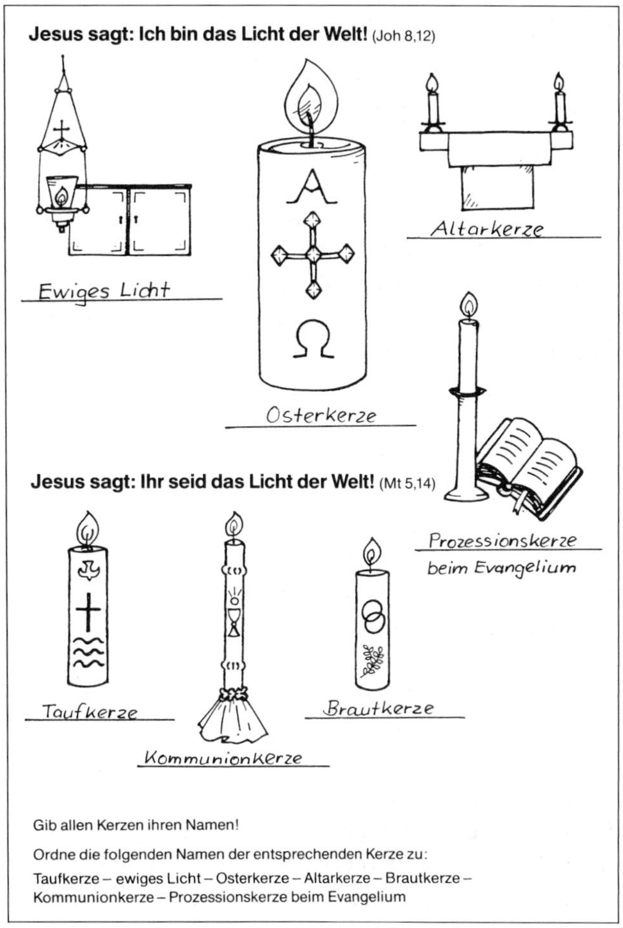


AB 6.1

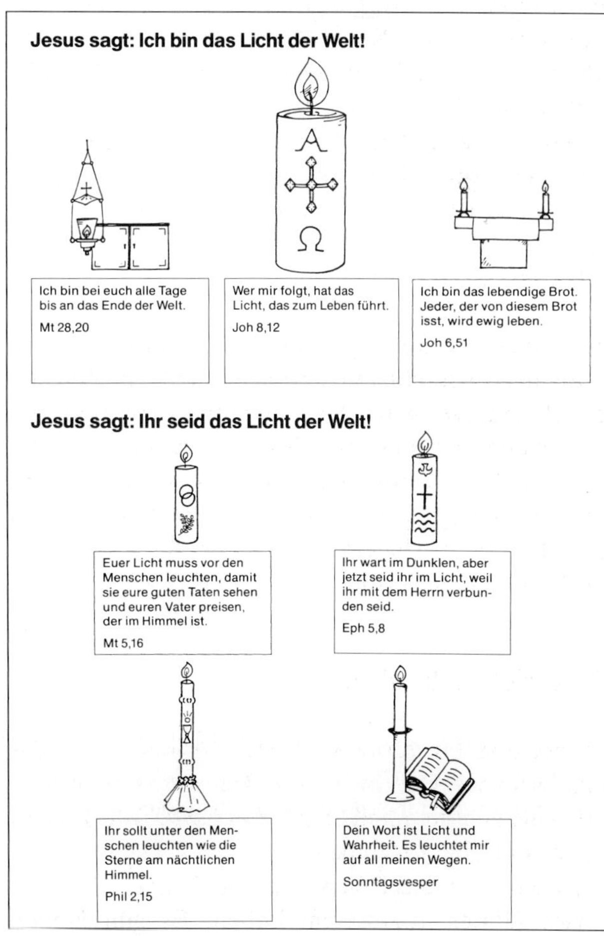


AB 6.2

**Jesus sagt: Ich bin das Licht der Welt!** (Joh 8,12)

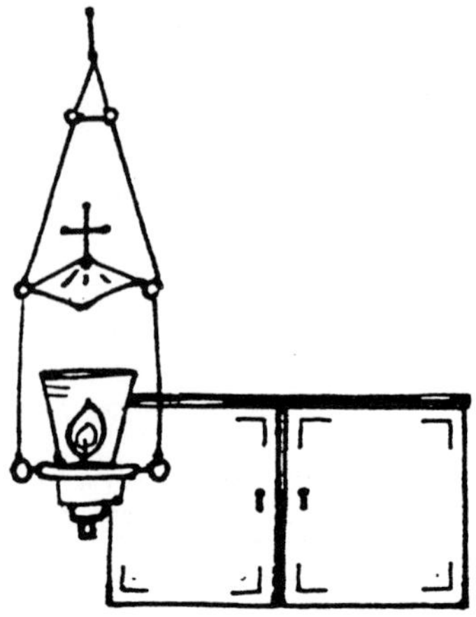

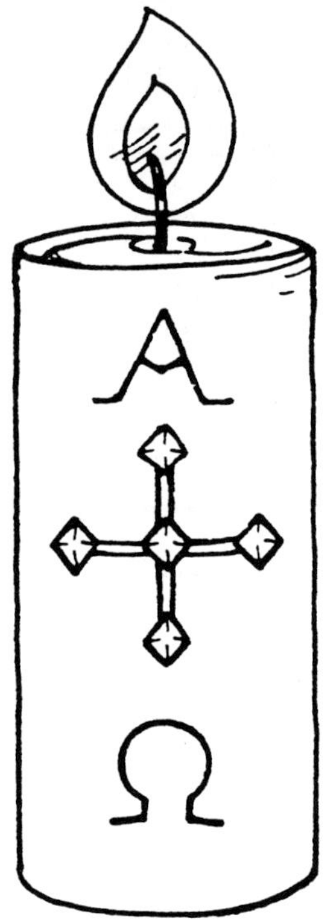

**Jesus sagt: Ihr seid das Licht der Welt!** (Mt 5,14)

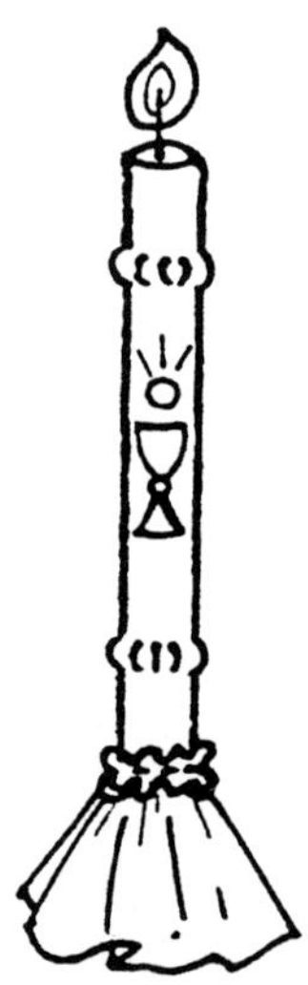

Gib allen Kerzen ihren Namen!

Ordne die folgenden Namen der entsprechenden Kerze zu:

Taufkerze – ewiges Licht – Osterkerze – Altarkerze – Brautkerze – Kommunionkerze – Prozessionskerze beim Evangelium

## Jesus sagt: Ich bin das Licht der Welt!

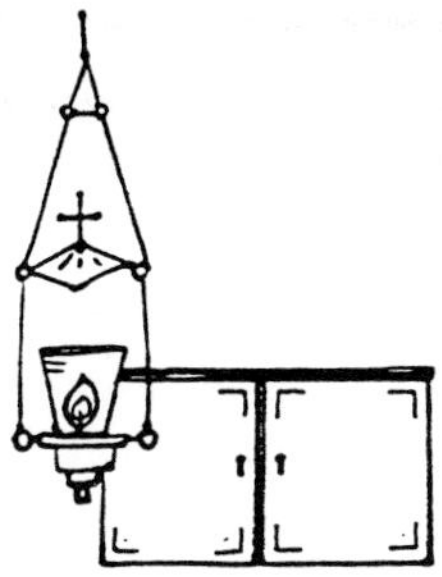

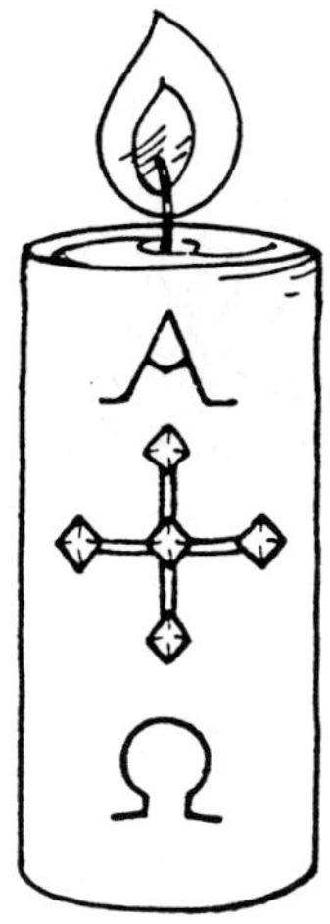

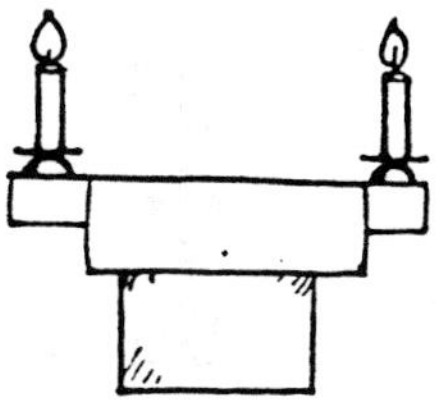

## Jesus sagt: Ihr seid das Licht der Welt!

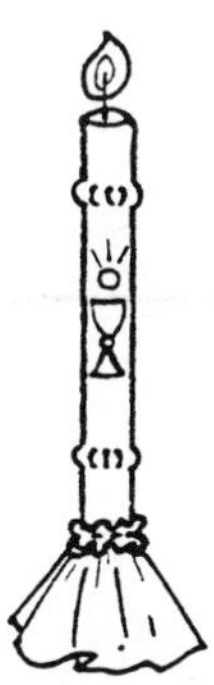

Schneide die Kärtchen aus und klebe sie zur entsprechenden Kerze. Jedes Kärtchen enthält einen Satz aus der Bibel oder ein Gebet, in dem uns deutlich wird, dass Jesus unser Leben hell machen will. Jesus Christus lässt uns nicht in der Dunkelheit. Er lässt uns nicht allein. (Ein Kärtchen bleibt übrig.)

| | |
|---|---|
| Ich bin bei euch alle Tage bis an das Ende der Welt.<br>Mt 28,20 | Wer mir folgt, hat das Licht, das zum Leben führt.<br>Joh 8,12 |
| Ich bin das lebendige Brot. Jeder, der von diesem Brot isst, wird ewig leben.<br>Joh 6,51 | Ihr wart im Dunklen, aber jetzt seid ihr im Licht, weil ihr mit dem Herrn verbunden seid.<br>Eph 5,8 |
| Dein Wort ist Licht und Wahrheit. Es leuchtet mir auf all meinen Wegen.<br>Sonntagsvesper | Euer Licht muss vor den Menschen leuchten, damit sie eure guten Taten sehen und euren Vater preisen, der im Himmel ist.<br>Mt 5,16 |
| Ihr sollt unter den Menschen leuchten wie die Sterne am nächtlichen Himmel.<br>Phil 2,15 | Ich bin als Licht in die Welt gekommen, damit jeder, der an mich glaubt, nicht in der Finsternis bleibt.<br>Joh 12,46 |

# 7 Aschermittwoch – Fastenzeit

## 40 Tage Trainingszeit bis Ostern

Die Asche ist Zeichen menschlicher Vergänglichkeit und Zeichen der Trauer und Buße. Sie hat reinigende Wirkung. In früheren Zeiten wurde mit Asche gewaschen. Das Kreuz mit Asche auf die Stirn gezeichnet erinnert den Menschen an seine Vergänglichkeit und ist ein Zeichen dafür, dass er frei sein soll von Schuld um neu zu beginnen.

Das Aschenkreuz, das am Aschermittwoch in den Kirchen ausgeteilt wird, ist der Auftakt zur siebenwöchigen Bußzeit vor dem Osterfest. Es will nicht das Leben der Menschen einschränken oder der ausgelassenen Fastnachts- und Karnevalsfreude ein jähes Ende setzen. Der Ritus des Aschenkreuzes mahnt den Menschen an seine Vergänglichkeit. Nichts ist so todsicher wie der Tod.

Bereits aus dem 11. Jahrhundert gibt es ein Gebet zur Segnung der Asche und seit dem 12. Jahrhundert kennt die Kirche die Vorschrift, für die Asche Palmzweige des vorausgegangenen Palmsonntags zu verbrennen. Der Priester oder Diakon legt die Asche auf unsere Stirn im Zeichen des Kreuzes – dem Zeichen von Jesus – als Hinweis auf unseren Tod und unsere Auferstehung. Das Aschenkreuz ist ein Zeichen unserer Verbundenheit mit Jesus Christus, der wie jeder Mensch sterben musste, aber von Gott auferweckt wurde. Bei der Erteilung des Aschenkreuzes wird gesprochen: „Bedenke Mensch, dass du Staub bist und wieder zum Staub zurückkehrst." In einer anderen Liturgie heißt es: „Kehr um und glaube an das Evangelium."

Am Aschermittwoch beginnt die „österliche Bußzeit", die vierzigtägige „Fastenzeit", die auf das Osterfest vorbereiten soll. Diese Fastenzeit soll eine Zeit der Besinnung auf das Wesentliche in unserem Leben und eine Abkehr von schlechten Gewohnheiten sein. Christliches Fasten war früher nicht nur Askese und Verzicht auf Essen, Trinken und Vergnügungen, sondern eine Zeit der besonderen Hinwendung zu Gott mit Leib und Seele. Heute ist Fasten nur noch aus gesundheitlichen Gründen verständlich. Als religiös ausgerichtetes, freiwilliges Verhalten ist es nur noch wenigen Menschen bewusst. Heute muss das Fasten des Leibes erweitert werden in die Beherrschung der Zunge, der Augen, der Ohren, dem Widerstehen unserer Fernsehsucht, der Hinwendung zum anderen, der Geduld für den Mitmenschen, der Rücksichtnahme auf den Schwächeren und der Absage von Terminen, um Zeit zum Beten zu haben. Vielleicht könnte ein kleines Trainingsprogramm auch ein Zeichen der Verbundenheit mit den Menschen der sogenannten „Dritten Welt" sein, die unfreiwillig fasten, weil sie hungern müssen. All diese christlichen Verhaltensweisen sind nicht jahreszeitlich und liturgisch bedingt, aber die Fastenzeiten im Kirchenjahr sind besondere Trainingszeiten auf dem Weg mit Gott. Zur materiellen Hilfe ruft das kirchliche Hilfswerk Misereor in dieser österlichen Bußzeit auf. Fasten muss in den reichen westlichen Ländern eine neue Dimension bekommen, um der Menschen willen, um ihres Heiles willen. In unserer Zeit des Überflusses, der unermesslichen Angebote auf jedem Gebiet, der Reizüberflutung, des Bewusstseins, alles sei machbar, müssen die Menschen lernen freiwillig Verzicht zu leisten, um an Leib und Seele nicht krank zu werden und ihre Verbindung zu Gott nicht zu verlieren.

## Unterrichtliche Arbeit

**Aschermittwoch**

- Palmzweige vom vergangenen Palmsonntag anschauen und über ihre Veränderung sprechen.
- Überlegungen zur Vergänglichkeit aller Dinge anstellen.
- Bild von einem Grab anschauen (evtl. Folie von Arbeitsblatt 19.2 herstellen): Menschen sterben, werden zu Staub, aber das Zeichen des Kreuzes auf dem Grab zeigt uns die Hoffnung der Christen: Der Mensch bleibt nicht im Tod, er erhält ein neues Leben von Gott.
- Die alten Palmzweige in einer Schale verbrennen; dunkle Asche bleibt zurück.
- Mit dieser Asche macht der Priester oder Diakon am Aschermittwoch ein Kreuz auf unsere Stirn. Asche bedeutet: Vergiss nie, dass du sterben musst, Kreuz bedeutet: Du gehörst zu Jesus Christus und wirst leben in Ewigkeit. So wie Jesus von Gott vom Tod auferweckt wurde, so wirst auch du von Gott neues Leben erhalten.

Das *Arbeitsblatt 7.1* soll die Kinder herausfordern, den Aschermittwoch als Wendepunkt zwischen dem ausgelassenen Karnevals-/Faschingstreiben und der ernsten österlichen Bußzeit zu bedenken. Gerade Kindern fällt dieser plötzliche Umschwung oft schwer. In dem Bilderrahmen können sie ihre Erinnerung an die ausgelassenen Tage festhalten (male dich im Kostüm!). Farbenfroh und lustig können sie Bild und Rahmen gestalten.

Die Farbgebung für das Wort Aschermittwoch sollte mit den Kindern besprochen werden. Es ist in diesem Zusammenhang sinnvoll über Violett als Bußfarbe der Kirche zu sprechen. Die Wahl jeder dunklen Farbe als Kontrapunkt zum Karnevalsbild ist denkbar. Sollten Kinder etwas von der Hoffnung auf neues Leben nach dem Tod zum Ausdruck bringen wollen, könnte dies z. B. im Ausmalen eines Buchstabens in gelber Farbe Ausdruck finden. In den persönlichen Fastenkorb können die Kinder schreiben oder bildlich darstellen, auf was sie in der Fastenzeit verzichten wollen.

**Fastenzeit**

Das *Arbeitsblatt 7.2* hilft den Kindern zu erkennen, dass christliches Verhalten im Alltag seinen Niederschlag im Miteinander findet. Ich gehe auf das Du zu. Diese Überwindung des Egoismus gilt es bewusst zu trainieren. An alltäglichen Situationen erkennen die Kinder, dass Leben in der Fastenzeit mehr ist als der Verzicht auf Süßigkeiten. Das Leerkästchen auf dem *Arbeitsblatt 7.2* fordert die Kinder heraus, die acht Situationen durch einen persönlichen Trainingsvorschlag zu ergänzen.
Das *Arbeitsblatt 7.3* bietet die Möglichkeit über die Funktion einer Leiter zunächst nachzudenken und deren Bildhaftigkeit zu erkennen. (Besser ist es, eine Standleiter als Sprechanlass mit in den Klassenraum zu bringen.)

- Die Leiter verbindet unten und oben.
- Sie bringt mich einem Ziel näher, das ich ohne sie nicht erreichen kann.
- Sie hilft mir Unerreichbares zu erreichen.
- Sie lässt mich emporsteigen.
- Sie lässt mich über mich hinauswachsen.
- Sie macht mich groß.
- Wenn ich oben stehe, habe ich Überblick.
- Sie bringt mich dem Licht (der Sonne) näher. Das Verlangen oben zu sein scheint im Menschen tief verwurzelt. Fast alle Kinder stehen gerne erhöht auf Mauern, Tischen, Bänken ...

Nach diesen grundsätzlichen Überlegungen zur Leiter ist aus dem *Arbeitsblatt 7.3* die Erkenntnis herauszuarbeiten, dass die Freude, der Trubel, das laute Leben des Karnevals/Faschings vergänglich sind. Der Flitter und Glimmer fällt in sich zusammen. Wenn der Mensch nicht in der Trauer der Vergänglichkeit umkommen will, muss er sich auf den Weg machen. Er muss dem Licht entgegensteigen. Das kann mühsam sein, aber je höher wir kommen, umso heller wird das Licht. Die Leiter symbolisiert die Fastenzeit, die uns aus der Vergänglichkeit unseres Lebens der Unvergänglichkeit des neuen Lebens aus Gott näher bringen soll. So singt es auch das alte Kirchenlied „O, du hochheilig Kreuze" in der 4. Strophe „Du bist die sichre Leiter, darauf man steigt zum Leben, das Gott will ewig geben." (GL 182)
Die Sprossen der Leiter sind die Zwischenstationen auf dem Weg nach Ostern: Die 1. Sprosse kennzeichnet der Aschermittwoch, die 8. Sprosse Ostern. Dazwischen liegen die vier Fastensonntage, der Misereorsonntag und der Palmsonntag. Der 4. Fastensonntag (Laetare) ist die Halbzeit. Deshalb trägt der Priester im Gottesdienst an diesem Sonntag nicht das violette Bußgewand, sondern ein rosa Messgewand der Vorfreude.
Die Beschriftung der Sprossen sollte den liturgischen Farben entsprechen:

- Aschermittwoch bis 3. Fastensonntag violett,
- 4. Fastensonntag (Laetare) rosa,
- Misereorsonntag violett,
- Palmsonntag als Beginn der Karwoche rot,
- Ostern gelb.

Die Zahlenangabe der Überschrift auf *Arbeitsblatt 7.3* soll kritisch bedacht werden. Von Aschermittwoch bis Ostern sind es nicht 40 Tage, sondern 46 Kalendertage. Die Kinder sollen erkennen, dass die sechs Fastensonntage nicht als Bußtage gezählt werden, denn jeder Sonntag ist bereits ein kleines Osterfest, an dem das Zentrum unseres Glaubens gefeiert wird: „Deinen Tod, o Herr, verkünden wir, deine Auferstehung preisen wir, bis du kommst in Herrlichkeit."
Auf dem *Arbeitsblatt 7.3* kann notiert werden: Österliche Bußzeit = 40 Bußtage und 6 Fastensonntage.
Eine weitere Ausgestaltung der Fastenleiter ist möglich, indem man den einzelnen Wochen Trainingsvorsätze vom Arbeitsblatt 7.4 zuordnet (Bildchen zwischen die Sprossen oder neben sie kleben oder eigene Vorsätze malen oder schreiben). Auf diese Weise wird für die Kinder deutlich, wie das Emporsteigen aus dem alltäglichen Trott zum neuen Leben praktisch vollzogen werden kann.

Lösung

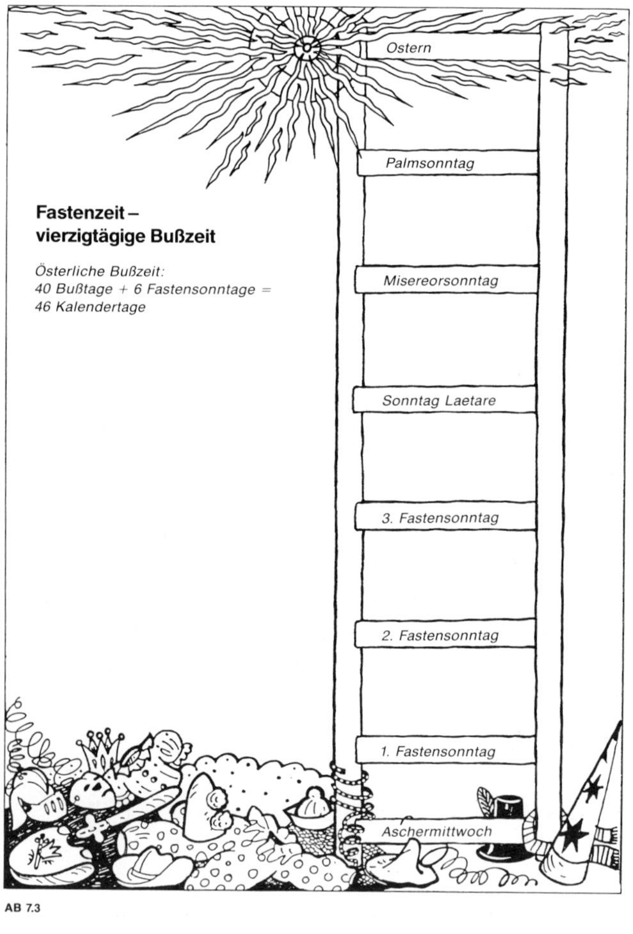


AB 7.3

## Aschermittwoch – Beginn der Fastenzeit

# ASCHERMITTWOCH

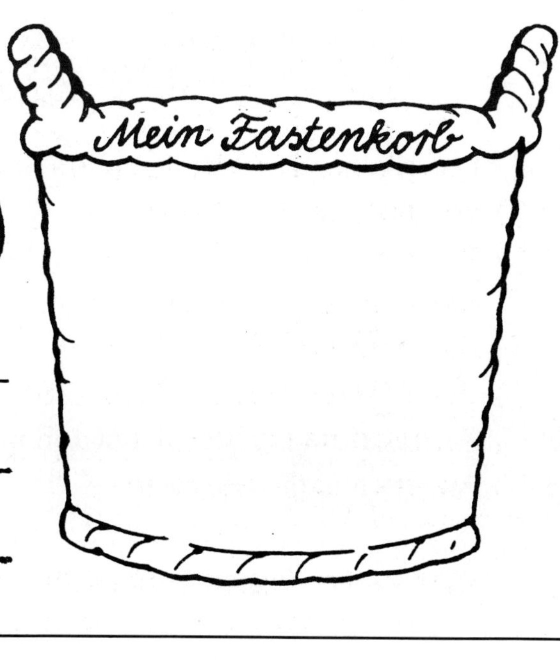

# Fastenzeit – Trainingszeit für Christen

(1)

(2)

(3)

(4)

(5)

(6)

(7)

(8)

(9)

- ◯ Den Kleineren geduldig helfen.
- ◯ Friedlich miteinander spielen.
- ◯ Zuverlässig Hausaufgaben machen.
- ◯ Nicht immer Erster sein wollen.
- ◯ Zu Hause helfen.
- ◯ Beim Essen ruhig am Tisch sitzen bleiben.
- ◯ Zum Sonntagsgottesdienst gehen – beten.
- ◯ Andere mitspielen lassen.
- ◯ ______________________________

Suche zu jedem Satz das passende Bild!

Fastenzeit –
vierzigtägige Bußzeit

## Fastenvorsätze

# 8 Passion Jesu

## Karwoche – Heilige Woche

Das Leiden Jesu bis hin zum Kreuzestod und die frohe Botschaft seiner Auferstehung sind die Mitte unseres Glaubens. Es ist sicherlich nur ansatzweise möglich, Grundschulkindern das Wesen von Jesu Königtum, die tiefen Glaubenswahrheiten der Eucharistie und die Kreuzestheologie zu vermitteln. Es ist aber möglich, in der Begegnung mit der Leidensgeschichte den Kindern zu zeigen, Jesus ist ein besonderer König – ein König der Liebe und Güte. Sein Abschiedsmahl und sein Sterben sind Erweise seiner großen Liebe zu den Menschen und zu Gott, seinem Vater. Wenn Kinder den Auftrag Jesu, die Liebe Gottes den Menschen vorzuleben und zu verkünden, in vielen Jesusgeschichten kennen gelernt haben, werden sie verstehen, dass Jesus seinem Auftrag treu bleibt, auch als die Menschen ihn ablehnen und töten.
Da die Karwoche häufig in die Osterferien fällt und nur wenige Kinder an der Liturgie der Kartage teilnehmen, haben sie außerhalb des RU keinerlei Gelegenheit, diese „Heilige Woche" mit ihren verschiedenen Gedenktagen in Beziehung zu den Leidensberichten der Evangelien zu setzen. Deshalb ist es notwendig, im RU einen inhaltlichen Bezug zwischen den biblischen Berichten und dem Palmsonntag und den Kartagen herzustellen.

## Unterrichtliche Arbeit

### Palmsonntag

Mit dem Palmsonntag beginnt die Karwoche. Die Kirche erinnert an den Einzug Jesu in Jerusalem. Jesus zieht umjubelt von seinem Volk in Jerusalem ein. Er kommt nicht hoch zu Ross wie ein Krieger, sondern auf einem unscheinbaren Esel – dem Lasttier des Menschen – geritten. Die Menschen rufen:

„Hosianna! Gesegnet sei der König, der kommt im Namen des Herrn!" (Lk 19,38).

Sie breiten ihre Kleider wie Teppiche vor ihm aus und brechen Palmzweige ab um damit zu winken.
Könige sind dem Kind aus den Märchen bekannt. Ein König ist mächtig, reich, hat Diener und Soldaten. Das alles passt nicht zu Jesus. In der Bibel wird Jesus jedoch als „König" bezeichnet. Er ist aber ganz anders als die Könige früherer Zeiten und Könige in den Märchen. Jesus ist nicht reich, er übt keine Macht mit Gewalt aus und er lässt sich nicht bedienen. Nach Ostern verstehen die Jünger, dass Jesus ein besonderer König ist. „Mein Königtum ist nicht von dieser Welt", hatte Jesus vor Pilatus gesagt. Jesus ist König im Reich Gottes, das hier auf Erde beginnt und im Himmel vollendet wird. Jesus ist ein König der Liebe, des Friedens, der Gerechtigkeit, der Wahrheit. Er ist ein König, der Sieger über den Tod ist.

- Darbietung des biblischen Textes (Grundschulbibel S. 161).
- Die Eigenschaften eines Königs besprechen.
- Wie kommen die Leute in Jerusalem dazu, Jesus wie einen König zu umjubeln (hatten von seinen Machttaten gehört)?
- Jesus sagte von sich: „Mein Königtum ist nicht von dieser Welt."
- Was für ein König ist Jesus? Welche königlichen Eigenschaften hat er?

### Gründonnerstag

Der Name Grün – kommt wahrscheinlich von greinen – weinen. Gründonnerstag ist der Tag, an dem Jesus bekennt den Heilsplan Gottes zu erfüllen und den Weg durch die menschliche Angst und Not zu gehen. Am Gründonnerstag werden vier Ereignisse bedacht: die Fußwaschung, das gemeinsame Abendmahl, Jesu Todesangst am Ölberg und der Verrat des Judas.
Im RU sollte man das Abschiedsmahl Jesu in den Mittelpunkt stellen, weil es die Einsetzung der Eucharistie und des Priestertums ist.

- Darbietung des biblischen Textes (evtl. ein Bild dazu betrachten).
- Die Zusage Jesu herausarbeiten: Das ist mein Leib (das bin ich, ich bin in diesem Brot).
- Die Aufforderung Jesu an seine Jünger bedenken: Tut dies zu meinem Gedächtnis.
- Brückenschlag zur Eucharistiefeier: In ihr feiern wir unsere Verbundenheit mit Jesus und freuen uns über seine Anwesenheit.
  In der Eucharistiefeier richtet er sein Wort an uns, gibt seinen Leib und sein Blut hin für uns, schenkt sich uns in den Gestalten von Brot und Wein.

### Karfreitag

Am Karfreitag gedenken die Christen des Leidens und Sterbens des Herrn. Dieser Tag steht ganz im Zeichen des Kreuzes. Das Wort „Kar" kommt vom althochdeutschen Wort „kara" und bedeutet Klage, Sorge, Kummer, Trauer.

- Darbietung des biblischen Textes (evtl. gekürzte Leidensgeschichte, je nach Alter der Schüler).
- Bedenken, dass Jesus alles durchleidet, was Menschen leiden müssen.

- Dem Leid Namen geben und auf ein aufgemaltes Kreuz schreiben (Krankheit, Armut, Hunger, Einsamkeit ...)
- Im 4. Schuljahr zur Verstehenshilfe *die Geschichte* vorlesen *„Das doppelte Kreuz“* (S. 54).

Aus den *Arbeitsblättern 8.1 und 8.2* kann ein persönliches Leporellobüchlein entstehen. Unter die Bilder können in die leeren Schilder die Namen der Karwochentage geschrieben werden. Die gekürzten Texte aus der Einheitsübersetzung der Bibel können gemeinsam gelesen werden. In den freien Teil können die Kinder eigene Gedanken, eventuell in Form eines Gebetes schreiben.

**Das doppelte Kreuz**

Es war in einer Grundschule. Da fiel einer Lehrerin etwas auf. Es hing in jeder Klasse ein Kreuz. Aber wie hingen die meisten Kreuze da? Achtlos konnte man sie zwischen Plakaten von Popstars, Bildern von Karneval und Zahlentabellen sehen. Viele sahen sie wohl überhaupt nicht mehr. Eines war sogar durch eine Landkarte von Afrika überdeckt. Der Lehrer hatte gerade keinen passenden Haken gefunden als den, an dem das Kreuz hing. Im Lehrerzimmer berichtete sie von ihrer Beobachtung. Manche hörten darüber hinweg. „Was soll's?“, sagte Herr Butenköbel. Aber Herr Franzheim wurde hellhörig. Er war der Lehrer, der für das Fach Kunst zuständig ist.
Am nächsten Morgen sagte er: „Frau Melchior, sie haben mich gestern auf etwas aufmerksam gemacht.“
„So?“, sagte Frau Melchior.
„Ja. Sie haben von den Kreuzen in den Klassenräumen erzählt.“
„Ach so. Na, ich werde in dieser Zeit vor Ostern in meiner Klasse das Kreuz zum Thema machen. Wir werden darüber reden. Vielleicht kommen die Kinder darauf, das Kreuz aufmerksamer zu sehen oder gar es zu schmücken.“
Herr Franzheim fragte: „Was halten Sie davon, wenn ich im Kunstunterricht mit Ihrer Klasse Kreuze herstellen ließe?“
Manchmal war Frau Melchior in ihrem Beruf glücklich. Das war so ein Augenblick. „Das finde ich sehr gut“, sagte sie.
So kam es, dass die Klasse 3a diesmal nicht Osterschmuck fertigte, sondern Kreuze gestaltete. Und weil Frau Melchior ausführlich mit den Jungen und Mädchen darüber gesprochen hatte, ging es auch ganz gut. Bis auf einmal Paul Richter rief: „Mensch, guckt mal, was der Filippo macht. Der hat nix kapiert.“
Filippo war erst seit kurzem in der Klasse. Er hatte Schwierigkeiten mit der deutschen Sprache. „Filippo kommt aus Portugal“, hatte Frau Melchior erklärt. Meist stand Filippo allein auf dem Schulhof. Überhaupt, er stand oft daneben und schien nicht dazuzugehören.
Nur Karin kümmerte sich ein bisschen um ihn. Sie wohnte zwei Häuser neben Filippo. Sie wusste, dass sein Vater arbeitslos war, dass er sich oft betrank und Filippo verprügelte.
„Überhaupt nix hat der Filippo kapiert“, rief Paul Richter nochmal. „Der macht zwei Christusse ans Kreuz. War doch bloß einer.“
Herr Franzheim ging zu Filippo. Tatsächlich, da hatte der Junge über den Körper am Kreuz einen zweiten, kleineren gelegt.
„Warum hast du das so gemacht, Filippo?“, fragte Herr Franzheim. In der Klasse lachten einige.
„Nix kapiert“, sagte Paul zum drittenmal. Filippo schwieg einen Augenblick. Dann sagte er:
„Genau wie ich.“
Wieder lachten einige. Aber Herr Franzheim sagte: „Nun hört euch doch mal an, was Filippo dazu sagt. Vielleicht geht euch dann ein Licht auf.“
„Ich meine“, versuchte Filippo zu erklären, „ausgeschimpft, rumgeschubst, angespuckt. Genau wie ich.“
Es wurde sehr still in der Klasse. Filippo war verlegen geworden. „Und Frau Melchior hat gesagt: Er ist für uns alle gekreuzigt worden. Für mich auch?“
„Ganz gewiss“, antwortete Herr Franzheim. „Für dich, für mich, für alle Menschen.“
Filippo ist ein paar Wochen später aus der Klasse verschwunden. „Sind weggezogen“, sagte Karin. Aber Filippos Kreuz wurde aufgehängt und erinnert noch oft an jenen Jungen aus Portugal, für den Jesus auch ans Kreuz geschlagen worden ist.

*Willi Fährmann*

*Aus: Aschermittwoch, Ostern, Pfingsten. Ein Wegbegleiter für die ganze Familie, Bistum Essen*

Jesus kam mit seinen Jüngern nach Jerusalem. Er ritt auf einem Esel in die Stadt. Viele Leute breiteten ihre Kleider wie einen Teppich vor ihm aus. Andere winkten mit Palmzweigen und riefen laut: „Hosianna, dem Sohn Davids! Du kommst im Namen Gottes! Gelobt sei Gott in der Höhe!“

Jesus saß mit seinen Jüngern beim letzten Abendmahl. Da nahm er das Brot und sprach: „Nehmt das Brot und esst es. Das ist mein Leib“. Dann nahm er den Becher mit Wein und sprach: „Trinket alle daraus! Das ist mein Blut, das für euch vergossen wird. Tut dies zu meinem Gedächtnis.“

Nachdem Jesus in der Nacht gefangen genommen wurde, führten ihn die Soldaten zu Pilatus, dem römischen Statthalter. Pilatus verurteilte Jesus. Er wusste, dass er kein gerechtes Urteil sprach. Er hatte Angst, Er war feige. Die Führer des jüdischen Volkes hatten die Menschen aufgewiegelt. Sie riefen: „Kreuzige ihn!“ So kam es zum Todesurteil. Pilatus wusch seine Hände in Unschuld.

Judas hat Jesus verraten. Petrus hat ihn verleugnet. Die Jünger sind geflohen. Pilatus hat ihn verurteilt. Die Menschen haben geschrieen: „Kreuzige ihn!“ Sie alle haben gesündigt. Sie alle nehmen das Kreuz und legen es Jesus auf die Schulter.

Vor der Stadt auf dem Hügel Golgota nagelten die römischen Soldaten Jesus ans Kreuz. Sie brachten am Kreuz eine Inschrift an: „Jesus von Nazaret, der König der Juden.“ Um die Mittagszeit brach eine Dunkelheit über das ganze Land herein. Nach drei Stunden rief Jesus laut: „Vater, in deine Hände lege ich meinen Geist.“ Nach diesen Worten starb er. Als der römische Hauptmann sah, was geschehen war, rief er: „Dieser Mensch war wirklich der Sohn Gottes!“

Die Freunde Jesu nahmen ihn vom Kreuz ab und hüllten ihn in ein Leinentuch. Dann trugen sie ihn in ein Felsengrab, in dem noch niemand gelegen hatte. Sie verschlossen das Grab mit einem großen Stein. Pilatus ließ das Grab durch Soldaten bewachen.

# 9 Ostern

## Jesus lebt!

Ostern ist ein bewegliches Fest. Es wird am 1. Sonntag nach dem Frühlingsvollmond gefeiert. Dieser Termin enthält bereits eine Deutung des Festgedankens. Die Sonne beginnt nun endgültig den Sieg über die Nacht davonzutragen. Das Licht besiegt die Dunkelheit. Das Leben besiegt den Tod.
Ostern ist das älteste und höchste christliche Fest, das sich in einem fünfzigtägigen Festkreis bis zum Sonntag nach Pfingsten entwickelt hat. Das Geheimnis der Auferstehung Jesu wird in vielfältigen Zeichen und Symbolen betrachtet. Den folgenden *Arbeitsblättern 9.1* und *9.2* liegen die Symbole Licht und Lamm zugrunde.

## Unterrichtliche Arbeit

Für das 1. und 2. Schuljahr empfiehlt sich nach den Osterferien ein Besuch im Gotteshaus, wenn möglich in Verbindung mit einem Schulgottesdienst. Die wesentliche Veränderung im Altarraum – die Osterkerze – soll entdeckt und betrachtet werden.
Sie trägt die jeweilige Jahreszahl und fünf Wundmale, die in Kreuzesform angeordnet sind. Sie erinnern an Jesu durchstochene Hände und Füße und seine durchbohrte Seite.
Die Buchstaben Alpha und Omega, Anfang und Ende des griechischen Alphabetes, bedeuten „Christus gestern und heute – Anfang und Ende – Alpha und Omega. Sein ist die Zeit und Ewigkeit. Sein ist die Macht und die Herrlichkeit in alle Ewigkeit. Amen." (Gebet zur Weihe der Osterkerze in der Osternacht)
Zur Vertiefung dient das *Arbeitsblatt 9.1*, das von den Kindern gestaltet wird.
Das Osterlamm ist Sinnbild für die Freiheit vom Tod. Es knüpft an die befreiende Wirkung des Paschalammes an, die das Volk Israel beim Auszug aus der Knechtschaft Ägyptens erfuhr (Ex 12–14). Die Befreiungstat Gottes für sein Volk erreicht in Jesus Christus seinen Höhepunkt. „... in seiner Hingabe am Kreuz erwirkt er die totale Freiheit der Liebe und den Exodus auch aus dem Tod. Im Licht von Tod und Auferstehung Jesu Christi gehen wir mit allen Völkern, geleitet von unserem Gott, dem Land der Endzeit entgegen. ... Ostern sagt, dass Gott nicht Knechtschaft will, sondern Freiheit; nicht Tod, sondern Leben, (end-gültiges) Leben in Fülle." (Hermann Kirchhoff, Christliches Brauchtum im Jahreskreis, München 1990, S. 120/121)
Wenn die Kinder des 3. und 4. Schuljahres ein Verständnis für die Bedeutung des Osterlammes gewinnen sollen, ist es unerlässlich, ihnen die Geschichte vom Auszug aus Ägypten zu erzählen und über die große Befreiung des Volkes Israel nachzudenken. In einem weiteren Schritt müssen die Religionslehrer/innen den Kindern helfen, den Tod und die Auferstehung Jesu als die noch größere und endgültige Befreiungstat Gottes an den Menschen aus Not, Unterdrückung, Krankheit und Tod zu bedenken. Diese recht schwierigen theologischen Zusammenhänge finden im Backen und Schmücken eines Osterlämmchens mit einer Siegesfahne eine sinnenfällige Darstellung.
Die Bastelarbeit des *Arbeitsblattes 9.2* soll dazu beitragen, die Freude über das neue Leben an Ostern zu spüren. In das Körbchen passt ein Osterei, das wiederum ein Zeichen für Leben ist.
Für das 4. Schuljahr bietet sich die *Geschichte „Versteht der Marcus nichts?"* auf *Arbeitsblatt 9.3* an.

**Impulse zur Geschichte „Versteht der Marcus nichts?"**

1. In der Familie von Marcus ist etwas Furchtbares passiert. Unterstreiche mit Schwarz die Begriffe der Geschichte, die dir sagen, wie der Mutter in der Osternacht zumute ist. Du findest sie in den Zeilen 1, 2, 9, 18–21
2. Marcus empfindet die Feier der Osternacht anders als seine Mutter. Unterstreiche gelb, was er in der Kirche tut. Beachte die Zeilen 4, 5, 22, 23, 25, 27
3. Unterstreiche blau, was die Mutter während der Feier in der Kirche von Marcus glaubt. Zeilen 23, 29
4. Ab Zeile 30 erzählt die Geschichte, was sich nach dem Gottesdienst ereignet. Unterstreiche die Sätze grün, in denen erzählt wird, dass Marcus kein kleines Kind mehr ist. Zeilen 30, 31–36, 43, 44
5. Die ganze Traurigkeit und Angst der Mutter wird in einigen Zeilen und Worten noch einmal ganz deutlich. Unterstreiche sie wieder schwarz. Zeilen 31, 32, 33, 34, 39, 40
6. Unterstreiche die Zeilen gelb, die dir sagen, woher die Mutter plötzlich die Kraft hat, die ihre Trauer überwindet. Zeilen 35–42
7. Die letzten Zeilen erzählen, wie sich die Mutter auf dem Heimweg fühlt und was sie jetzt über Marcus denkt. Mit welcher Farbe möchtest du diese Zeilen unterstreichen? Du musst deine Entscheidung begründen können.
8. Die Überschrift der Geschichte ist eine Frage. Die Mutter gibt auf diese Frage zwei verschiedene Antworten.

Das *Arbeitsblatt 9.4* dient der Zusammenfassung und der Vertiefung der Geschichte.

## Zur Geschichte: Versteht der Marcus nichts?

Vor der Feier der Osternacht denkt die Mutter:

Marcus *versteht nichts*.

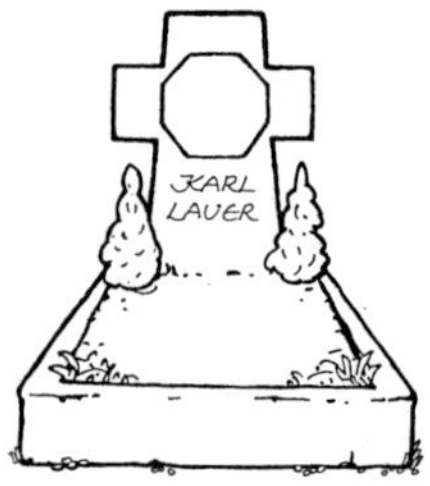


Nach dem Friedhofsbesuch in der Osternacht weiß die Mutter:

Marcus hat sehr gut *verstanden*,
viel besser als *ich*.

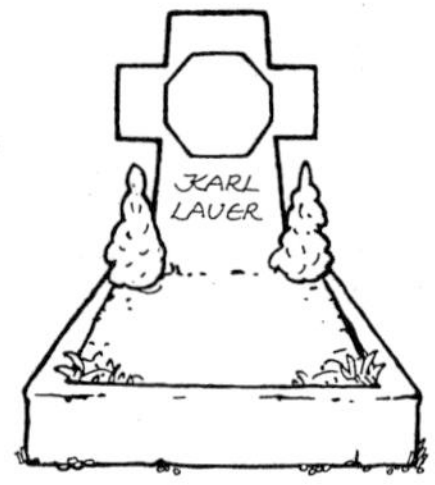


1. Schmücke das zweite Kreuz mit einem Zeichen, das zeigt, Christen glauben an das ewige Leben bei Gott, weil Jesus Christus von den Toten auferstanden ist.
2. Gib den Rahmen um die Gedanken der Mutter eine passende Farbe.

AB 9.4

## Ostern – Jesus lebt

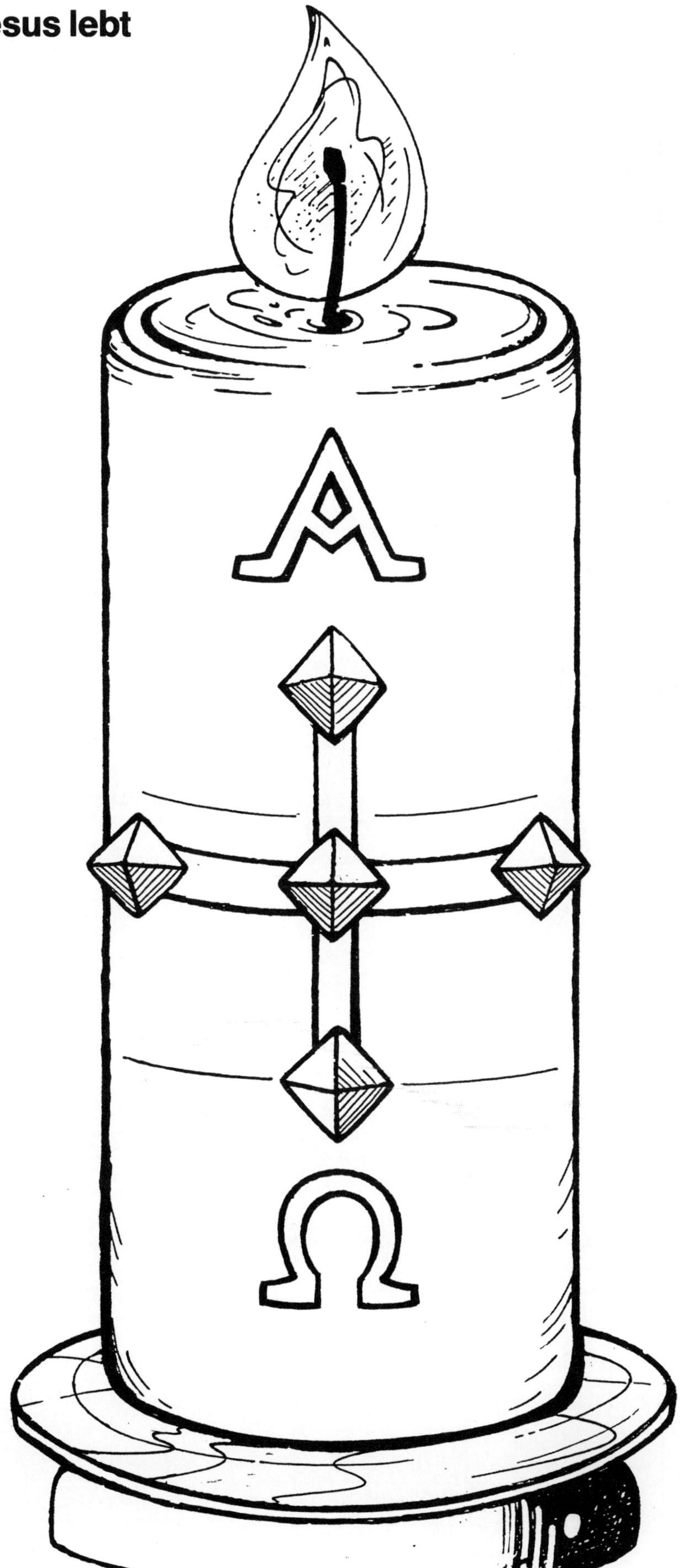

## Versteht der Marcus nichts?

Das Halleluja klang ihr wie Hohn in den Ohren. Schwarz, fröstelnd und müde saß Frau Lauter in der Kirchenbank. Sie sah verstohlen zu Marcus hinüber. Seine kräftige Jungenstimme übertönte den dünnen Gesang der Gemeinde. Er sang das Halleluja mit einer Inbrunst, mit einer stillen Freude, die sie nicht begriff. Zuerst hatte sie ihn gar nicht mitnehmen wollen. Aber dann graute ihr davor, zum ersten Mal allein die Osternacht zu feiern. Seite an Seite mit ihrem Mann hatte sie sonst in dieser Bank gesessen. Seit drei Wochen war er tot. Ein Unfall, eine winzige Notiz in der Tageszeitung: „Fußgänger von Auto erfasst“.

Marcus war ihr Jüngster, die beiden Töchter waren verheiratet, wohnten in anderen Städten, hatten viele Interessen und wenig Zeit.

Für Marcus würde es schwer sein. Er war in einem Alter, in dem er den Vater brauchte. Frau Lauter hatte Angst vor den Schwierigkeiten, den Entscheidungen, die sie jetzt allein treffen musste, vor den Sorgen, die sie mit niemandem mehr teilen konnte.

Marcus schien das alles nicht zu begreifen. Mit angespannter Aufmerksamkeit folgte er der Osterfeier, der Weihe des Feuers, der Kerze und des Wassers. Auf den Ruf des Diakons „Lumen Christi“ antwortete er jubelnd mit „Deo gratias“. Als ihre Lichter an der geweihten Osterkerze angezündet wurden, lächelte er seiner Mutter zu.

Nein, er verstand wohl noch nicht.

Die Messe war zu Ende. Marcus nahm ihren Arm. Er reichte seiner Mutter schon bis zur Schulter. Versunken in Erinnerungen bemerkte sie den Umweg erst, als sie vor dem Friedhofstor standen. Es war verschlossen.

Marcus drückte ihr das Gebetbuch in die Hand, nahm die Osterlichter und kletterte flink wie eine Katze über das Tor.

Sie sah ihn durch die Gräberreihen gehen und verlor ihn in der Dunkelheit aus den Augen.

Gerade wollte sie rufen, als die beiden Lichter aufflammten. Die Osterkerzen.

Marcus hatte das Symbol des Auferstandenen auf dem Grab seines Vaters entzündet.

Auf dem Heimweg sprachen sie kein Wort. Marcus führte seine Mutter. Sie hatte keine Angst mehr seinetwegen.

Er hatte sehr gut verstanden, viel besser als sie selbst.

*Renate Günzel-Horatz: Aus: Geschichten zum Kirchenjahr. Patmos Düsseldorf.*

## Zur Geschichte: Versteht der Marcus nichts?

Vor der Feier der Osternacht denkt die Mutter:

Marcus ______________________________________________.

Nach dem Friedhofsbesuch in der Osternacht weiß die Mutter:

Marcus hat sehr gut ______________________________,

viel besser als ____________________.

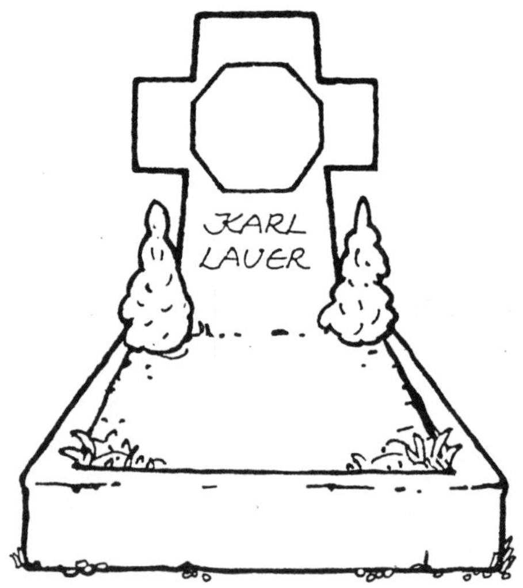


1. Schmücke das zweite Kreuz mit einem Zeichen, das zeigt, Christen glauben an das ewige Leben bei Gott, weil Jesus Christus von den Toten auferstanden ist.
2. Gib den Rahmen um die Gedanken der Mutter eine passende Farbe.

# 10 Christi Himmelfahrt

## Hoffnung für die Christen

Es gibt „keinen wirklichen Unterschied zwischen Auferstehung und Himmelfahrt. Beide Aussagen wollen mit je verschiedenen Bildern und innerhalb eines je verschiedenen Vorstellungshorizontes ausdrücken, dass Jesus nicht im Tode geblieben ist, sondern gerade in seinem Tod den letzten Sinn aller Geschichte, nämlich Gott, erreicht hat." (G. Lohfink, Der Tod ist nicht das letzte Wort) Er ist nicht einfach von der Erde weggegangen und in den Himmel zurückgekehrt. Er ist in die endgültige Herrlichkeit des Vaters eingegangen und zum Herrn – Kyrios – erhöht. Er hat unsere menschliche Natur mit hineingenommen in sein neues Leben. Er bleibt in seiner Kirche anwesend und die Gemeinde weiß, der Herr, der Kyrios, ist gegenwärtig in unserer Mitte.

## Unterrichtliche Arbeit

1. Eine Todesanzeige über einen tragischen Tod in jungem Alter dient als Sprechanlass. (Folie von *Arbeitsblatt 10.1*) Trauer – Schmerz – Verlust – warum? – Was ist jetzt? – Was kommt nach dem Tod? – Manche Menschen sagen, mit dem Tod ist alles aus.
2. Das Bild eines Felsengrabes dient dem Gespräch über den Tod Jesu. (Folie vom *Arbeitsblatt 10.1*) Ist eine Übertragung der Fragen zur Todesanzeige auf das Grab von Jesus möglich? Die Frage Jesu am Kreuz „Mein Gott, mein Gott, warum hast du mich verlassen?" an der Tafel festhalten.
3. Betrachtung des Himmelfahrtbildes aus dem Egbert-Kodex (im Religionsbuch „Ich bin da 1", S. 29) gibt auf die Frage Jesu am Kreuz eine Antwort:

Zunächst wird der untere Teil des Bildes (Engel und Jünger) abgedeckt. Wir betrachten:

- Jesus Christus in der Mandorla.
- Er wird von einer Hand ergriffen.
- Er hat das Kreuz wie einen Stab geschultert.
- Er schreitet nach oben.
- Blau und Gold, die Farben des Göttlichen, umkreisen Jesus.
- Er wird von einem starken Arm ergriffen. Das Gewand des Arms ist goldbesetzt.
- Die Hand Gottes ergreift Jesus.
- Gott holt Jesus zu sich.
- Der Vater greift ein, mit starker Hand greift er ein und zieht seinen Sohn zu sich. (Erinnerung an Vater und/oder Mutter, der/die ihr Kind in Not, in Gefahr, wenn ihm Unrecht geschieht, an sich zieht, Partei ergreift.)
- Der Vater ergreift Partei für seinen Sohn Jesus Christus.
- Er gibt ihm Recht. Er überlässt ihn nicht dem Unrecht des Kreuzes und der Nacht des Todes.
- Er macht ihn groß und erhöht ihn.
- Das Kreuz ist nicht mehr der Marterpfahl, sondern ein Siegeszeichen.
- Jesus hängt nicht mehr am Kreuz. Er trägt es als Zeichen seiner Liebe und Treue zum Auftrag des Vaters, als Zeichen seines Sieges über das Böse.

Der untere Teil des Bildes wird betrachtet:

- Engel und Menschen stehen auf der Erde.
- Ihre Füße berühren den Boden.
- Sie schauen Jesus nach.
- Ihre Hände sind erhoben. Ihre Augen staunen. Ihre Gesichter sind nicht traurig.
- Ihre Untergewänder haben alle die Farbe des Untergewandes von Jesus. Gold findet sich auch am Rand ihrer Gewänder.
- Es ist so, als ob die Engel zeigen: „Erhebet die Herzen!" und die Apostel und Maria scheinen zu antworten: „Wir haben sie beim Herrn!"
- Eines ist Maria und den Freunden von Jesus ganz gewiss. Er lebt und wird auch uns neues Leben geben.

Das *Arbeitsblatt 10.1* fasst die Erkenntnisse der Bildbetrachtung zusammen und möchte durch den abgedruckten Bibeltext (Joh 14,2–6) die Bedeutung des Himmelfahrtstages für uns deutlich machen.

**Lösung**

**Christi Himmelfahrt – Hoffnung für die Christen**

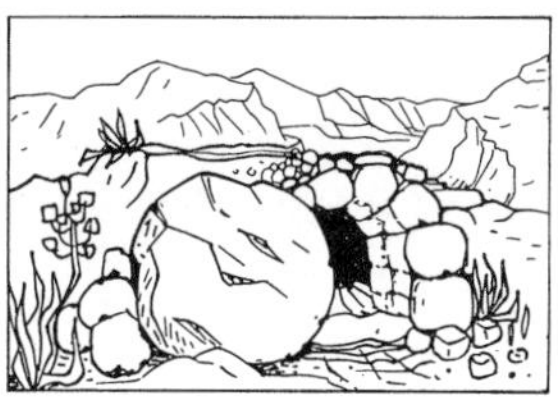

Selig sind die Toten, die im Herrn sterben.
Von nun an, spricht der Herr,
sollen sie ausruhen von ihren Mühen;
denn ihre Werke folgen ihnen nach.
Off 14,18

Gott, der Herr über Leben und Tod, rief heute meinen innigstgeliebten Mann und unseren herzensguten Vater zu sich in die Ewigkeit.

Peter Klein
*** 1. Mai 1950 † 2. Januar 1993**

In stiller Trauer:
**Elisabeth Klein**
**Philipp, Christina und Friederike**
**sowie die übrigen Anverwandten**

50769 Köln, Windweg 15

Die Beisetzung hat in aller Stille stattgefunden.
Sollte jemand aus Versehen keine besondere Anzeige erhalten haben, so bitten wir, diese als solche zu betrachten.

Gott hat Jesus von den Toten *auferweckt*.

Gott wird auch uns *vom Tod* *auferwecken*.

Im Haus meines Vaters sind viele Wohnungen. Ich gehe um einen Platz für euch vorzubereiten. Dann werde ich euch zu mir holen, damit auch ihr dort seid, wo ich bin. Den Weg dorthin kennt ihr: Ich bin der Weg, die Wahrheit und das Leben. Niemand kommt zum Vater außer durch mich.
Joh 14,2–6

Gott hat für Jesus Partei *ergriffen* und ihn *vom Tod befreit*.

Gott wird auch für uns *Partei ergreifen*. Durch *Jesus Christus* wird er uns zu sich *holen* und uns *ein neues Leben schenken*.

AB 10.1

# Christi Himmelfahrt – Hoffnung für die Christen

Gott hat Jesus von den Toten

______________________.

Selig sind die Toten, die im Herrn sterben.
Von nun an, spricht der Herr,
sollen sie ausruhen von ihren Mühen;
denn ihre Werke folgen ihnen nach.
Off 14,18

Gott, der Herr über Leben und Tod, rief heute meinen innigstgeliebten Mann und unseren herzensguten Vater zu sich in die Ewigkeit.

Peter Klein

*** 1. Mai 1950 † 2. Januar 1993**

In stiller Trauer:
**Elisabeth Klein**
**Philipp, Christina und Friederike**
**sowie die übrigen Anverwandten**

50769 Köln, Windweg 15

Die Beisetzung hat in aller Stille stattgefunden.
Sollte jemand aus Versehen keine besondere Anzeige erhalten haben, so bitten wir, diese als solche zu betrachten.

Gott wird auch uns ______________________.

______________________.

Im Haus meines Vaters sind viele Wohnungen. Ich gehe um einen Platz für euch vorzubereiten. Dann werde ich euch zu mir holen, damit auch ihr dort seid, wo ich bin. Den Weg dorthin kennt ihr: Ich bin der Weg, die Wahrheit und das Leben. Niemand kommt zum Vater außer durch mich.

Joh 14,2–6

Gott hat für Jesus Partei

______________________ und ihn

______________________.

Gott wird auch für uns

______________________.

Durch ______________________

wird er uns zu sich ______________________

und uns ______________________.

# 11 Pfingsten

## Gottes Geist mit uns

Das Pfingstfest wird 50 Tage nach Ostern gefeiert. Der Name Pfingsten ist vom griechischen Zahlwort „pentekoste“ (= fünfzig) abgeleitet. Pfingsten bildet mit Ostern und Christi Himmelfahrt eine Einheit. Alle drei Feste sind ein großes Fest der Erlösung: „Der am Kreuz Gestorbene wurde als der Kyrios zum Vater erhöht und kam in der Weise des Geistes zu den Seinen zurück.“ (H. Kirchhoff, Christliches Brauchtum im Jahreskreis)

## Unterrichtliche Arbeit

1. Die Kinder bilden einen Kreis um eine vorgegebene Mitte. Jedes Kind markiert in der Mitte des Sitzkreises seinen Platz mit einer runden Tonpapierscheibe, die es vom Lehrer erhält. Diese Scheibe sollte den Namen des Kindes aufweisen.
2. Der/die Lehrer/in legt um die Tonpapierscheiben der Kinder in der Mitte des Sitzkreises schwarze Tücher. Das entstandene Bild wird gedeutet: Wir sind eingeschlossen, von einer Mauer, von Dunkelheit, von Angst. Assoziationen von Keller – Gefängnis sind möglich.
3. Bevor die Pfingstgeschichte erzählt wird, erhält jedes Kind eine rote oder gelbe Papierserviette, die es neben sich oder unter seinen Stuhl legt.

**Erzählvorschlag:**

Die Freunde Jesu haben sich versammelt,
zusammen mit Maria, der Mutter des Herrn.
Sie sind in dem Haus, in dem Jesus
mit ihnen das Abendmahl gehalten hat.
Sie haben die Türen verschlossen.
Sie haben sich eingeschlossen.
Die Freunde von Jesus haben Angst,
Angst vor den Menschen,
die Jesus gefangen genommen und getötet haben.
Die Freunde Jesu fürchten, auch sie können gefangen und getötet werden.
Sie sind auch voller Trauer.
Sie haben erlebt:
Jesus ist auferstanden.
Jesus lebt.
Sie haben Jesus erkannt,
als er mit ihnen Brot brach und aß.

Aber nun ist Jesus nicht mehr bei ihnen.
Er ist heimgekehrt zum Vater.
Sie sind allein.
Sie fürchten sich.
Aber Jesus hat versprochen:
Ich lasse euch nicht allein.
Wenn ich beim Vater bin,
schicke ich einen, der euch tröstet.
Er wird eure Angst vertreiben.
Er wird euch mit Mut erfüllen.
Er wird euch Freude schenken.
Ihr werdet spüren:
Ich bin euch nahe.
Bleibt zusammen!
Wartet!
So sind die Jünger mit Maria versammelt und warten.

*(Eine leere Schale wird in die Mitte gestellt.)*

Es geschieht am hellen Tag.
Es ist der Pfingsttag.
Da entsteht ein großes Brausen.
Es ist, wie wenn ein Sturm weht,
ein Sturm, der alles hinwegfegt,
ein gewaltiger Sturm,
der alles in Bewegung bringt.

Dunkelheit, Mutlosigkeit, Angst und Furcht
werden hinweggefegt.
Es wird ganz hell.
Es ist, als ob das Haus mit Feuer erfüllt wird.
Mit einem Feuer, das alles durchleuchtet:
Türen, Fenster, Mauern, ja die Menschen.
Es leuchtet durch ihre Augen, durch ihr Gesicht.

Das Dunkle weicht, es wird hell!
Die Freunde Jesu sind voller Begeisterung.
Sie spüren, Gott ist in uns.
Sein Leben ist in uns.
Jesus sendet seinen Geist.
Er ist uns ganz nah.

*(Eine brennende Kerze wird zu der Schale in die Mitte gestellt.)*

Petrus und die anderen Jünger öffnen ihr Haus.
Sie öffnen die Fenster und die Türen.
Sie treten hinaus auf die Straße.
Sie treten vor die Menschen.
Ohne Furcht rufen sie:
Freut euch mit uns!
Jesus ist auferstanden!
Jesus lebt!
Er gibt uns seine Kraft!
Er gibt uns seinen Geist!
Glaubt an Jesus, vertraut ihm!
In seinem Geist machen wir das Angesicht der Erde neu!

*Der/die Lehrer/in fordert die Kinder auf darüber nachzudenken, dass das Bild in der Mitte des*

*Kreises dem Ende der Geschichte nicht mehr entspricht.*
*Die Kinder entfernen die schwarzen Tücher und legen die roten und gelben Papierservietten strahlenförmig um die Mitte.*

*Aus: Religionspädagogische Praxis 1979/2 und 1986/4, RPA Verlag, Landshut*

4. Die Kinder werden aufgefordert, Zeichen oder Bilder des neuen Lebens zu malen und um das gelegte Bild anzuordnen. Einige Beispiele sollten genannt werden (Sonne, Blume, Nest mit Vögeln . . .).

5. Die Klasse versammelt sich zur abschließenden Betrachtung um das große Bild. Jedes Kind erklärt sein Bild. Es ist wichtig, dass den Kindern ein Satzmuster für ihre Erklärungen angeboten wird, damit auch spracharme Kinder in die Lage versetzt werden ihre Bilder zu verbalisieren.
   - Ich habe die Sonne gemalt, weil ohne sie nichts leben kann.
   - Ich habe eine Blume gemalt, weil sie wunderschön ist.

# 12 Fronleichnam

## Wir folgen Jesus Christus

Papst Urban IV. schrieb das Fest 1264 für die ganze Kirche vor. In Deutschland setzte sich der Name „Fronleichnam“ schon bald durch (Fron – Herr, hehr, heilig; Lichnam – lebender Leib). Da für den Tag der Einsetzung der Eucharistie der Gründonnerstag gilt, wurde auch ein Donnerstag als Festtag für Fronleichnam gewählt. Der Donnerstag nach der Pfingstoktav ist in der gesamten Kirche der Tag des Fronleichnamfestes. Schon seit dem 13. Jahrhundert sind Prozessionen an diesem Tag nachweisbar. Die Prozession entwickelt sich aus der Eucharistiefeier oder mündet in ihr. Die Monstranz mit dem Allerheiligsten ist die Mitte der Prozession. Die Gläubigen folgen dem Herrn. In den Prozessionen kommt die Symbolik zum Tragen: Gottes Welt ist unterwegs zur Stadt der Endzeit, zum neuen Zion.
Jesus Christus wird in der Prozession zum Segen der gesamten Schöpfung durch Felder, Gärten und Wohngebiete getragen. Der Segen soll uns daran erinnern, „dass Gott eine heile, menschenwürdige Schöpfung will und dass uns im ‚Herrschaftsauftrage‘ (Gen 1,25 ff.) die Sorge für diese Welt aufgetragen wurde“.

## Unterrichtliche Arbeit

- Mit jüngeren Kindern eine Monstranz in der Kirche oder ein Bild einer Monstranz anschauen.
- Die Monstranz ist das Zeigegefäß für das Kostbarste, das wir Christen haben. In ihr tragen wir Jesus Christus im Brot durch unseren Ort. Die Christen, die mit der Prozession gehen, wollen etwas zum Ausdruck bringen.
- Mit älteren Kindern über Umzüge nachdenken: Ihr kennt sicherlich verschiedene Umzüge durch die Straßen (Martinszug, Karnevalszug, Demonstrationszüge).
- Die Teilnehmer eines solchen Umzuges wollen damit etwas zum Ausdruck bringen. (Sie zeigen ihre Laternen. Sie machen die dunkle Welt hell. Sie zeigen ihre Kostüme und Masken. Sie machen Spaß. Sie zeigen, dass sie für oder gegen etwas sind. Sie machen mit dem Umzug deutlich, dass es viele gibt, die einer Meinung sind.) Ein Umzug ist meistens begleitet von gemeinsamem Singen und Sprechchören.
- Christen kennen auch Umzüge. Sie nennen sie Prozessionen (Bittprozessionen, Wallfahrtsprozessionen, Fronleichnamsprozessionen).
- Die Christen bringen damit auch etwas zum Ausdruck, wenn sie sich an einer Prozession beteiligen. (Wir sind mit Jesus Christus unterwegs.)
- Menschen, die bei einem Umzug – einer Prozession – mitgehen, empfinden etwas. (Wir gehören zusammen. Ich bin nicht allein. Uns allen ist Jesus Christus ganz wichtig. Wir wollen den Segen für die ganze Schöpfung.)
- Die Menschen zeigen ihre Meinung, ihren Glauben an Jesus Chrisus in einer Prozession hörbar. (Sie beten und singen gemeinsam.)

Das *Arbeitsblatt 12.1* für die jüngeren Kinder bietet die Möglichkeit im Ausmalen der Monstranz noch einmal darüber nachzudenken, warum Christen die Monstranz so schön und kostbar gestalten.

Auf *Arbeitsblatt 12.2* können die Kinder der 3. und 4. Klasse die Strahlen der Monstranz zusätzlich zur Gestaltung beschriften: z. B.

Segnen werde ich die, die Frieden stiften.
Segnen werde ich die, die meine Schöpfung bewahren.
Segnen werde ich die, die mir nachfolgen.
Segnen werde ich die, die Gutes tun.
Segnen werde ich die, die meine Wege gehen.

**Weitere Anregungen für den Unterricht**

1. Mit einer Lehrererzählung werden die Kinder zu einer Wanderung durch ihren Heimatort angeleitet (evtl. mit geschlossenen Augen). In dieser Erzählung, die dem jeweiligen Wohnort angepasst sein muss, erleben sie Freude und Leid der Menschen. *(Erzählvorschlag S. 68)*
2. Freie Schüleräußerungen zum Gehörten werden die Eindrücke vertiefen.
3. Eine Tapetenbahn wird als Straße auf den Boden gelegt. Der/die Lehrer/in hält einige aus Papier vorbereitete Häuser hoch. Die Kinder assoziieren: die Straße, die Häuser aus unserer Geschichte. Die Häuser werden an den Straßenrand gelegt.
3. Tafelanschrift oder Impuls: Es gab auf unserer Straße *helle* und *dunkle* Häuser. Die Begriffe hell und dunkel werden durch deutende Worte ersetzt: glücklich, froh, ernst, traurig. Kinder nennen Beispiele.
5. Jedes Kind gestaltet als Falt- und Malarbeit ein *helles* und ein *dunkles* Haus aus zwei DIN-A 4-Blättern. (Arbeitsanleitung S. 68)
6. Die Häuser der Kinder werden an den Straßenrand gelegt. Sie berichten vom Leben ihrer Bewohner (evtl. stichwortartige Tafelanschrift).
7. Auf die Straße wird als stummer Impuls das Bild einer Monstranz gelegt. Die Kinder entdecken die Verbindung zu Fronleichnam.

8. Jesus wird durch die Straßen getragen. Als er in Galiläa lebte, ist er durch die Straßen und Dörfer gezogen. Die Kinder berichten, wie Jesus den Menschen damals begegnete.
   Zur Vertiefung oder auch Erarbeitung eignet sich das *Lied: „Die Menschen öffnen Türen“ (S. 68)*.
9. Die Ergebnisse der Kinderäußerungen werden auf Streifen festgehalten und als Strahlen um die Monstranz gelegt. (Jesus heilte Kranke. – Jesus segnete die Kinder etc.)
10. An Fronleichnam tragen wir Jesus im Brot durch die Straßen. Wir gehen mit der Prozession mit ihm. Wir zeigen, dass wir zu ihm gehören.
    Betrachtet unsere Straße und überlegt, was Jesus von uns erwartet.
11. Die Kinder erhalten je zwei Fußspuren und schreiben hinein, was Christen tun sollen, wenn sie Jesus folgen. Bezug zur gelegten Straße sollte hergestellt werden.
12. Die Kinder legen *ihre* Fußspuren auf die Straße und sagen dazu, mit welcher Spur sie Jesus folgen wollen.
    – Ich besuche meinen Opa, der nicht mehr auf die Straße kann.
    – Ich spiele mehr mit meiner kleinen Schwester.
    – Ich helfe meiner Mutter beim Einkaufen, beim Geschirrspülen ...
13. Das *Arbeitsblatt 12.3* wird ausgeteilt, der Arbeitsauftrag erkannt, die Fußspuren beschriftet.
14. Der Text des *Arbeitsblattes 12.3* kann als zusammenfassendes Gebet gesprochen oder gesungen werden *(Lied: „Komm und folge mir“ S. 69)*.

**Für den Unterricht benötigt werden:**

Eine Tapetenbahn.
Zwei oder drei vorbereitete Häuser.
Ein Bild einer Monstranz (Arbeitsblatt 12.1).
Für jedes Kind zwei DIN-A 4-Blätter zur Herstellung des „hellen“ und „dunklen“ Hauses.
Für jedes Kind zwei Fußspuren zum Beschriften.
Je ein Arbeitsblatt 12.3.

**Herstellung der Häuser auf einfache Weise:**

1. DIN-A 4-Blatt falten zu DIN-A 5-Blatt.
2. Blatt wieder öffnen und beide Seiten von außen zur Mittelfalte umknicken.
3. Beide oberen Ecken nach innen bis Mitte falten und festkleben.
4. An den unteren Seiten der festgeklebten Ecken aufschneiden, sodass das Haus wie eine Tür zu öffnen ist.
   (Kinder können die Situation der Menschen innen malen oder beschreiben. Freude und Leid geschieht meist nicht öffentlich.)

**Erzählvorschlag zu 1.**

Ich will dich einladen zu einem Gang durch unseren Ort. Hier stehen viele Häuser. Sie sind groß und schön, haben Blumen auf den Balkonen und bunte Gärten. Wir gehen aus der Schule und kommen vorbei an einer Siedlung mit vielen Kindern. Die Kleinen spielen lachend auf dem Spielplatz.
In der Apotheke erzählt eine Kundin gerade von der schweren Krankheit ihrer alten Mutter. Sie kauft Medizin.
Auf dem Friedhof stellt eine Frau gerade ein Licht auf das Grab ihres Mannes. Ihr Mann ist vor einer Woche gestorben.
Aus einem Haus schallt lautes Lachen. Der Opa hat Geburtstag. Viele Gäste gratulieren.
Im Altenheim sitzen alte Menschen in der Eingangshalle und warten auf Besuch. Die Altenpflegerin füttert gerade einen alten Mann.
Im Kindergarten wird gerade ein lustiges Lied gesungen und die Kleinen lachen vor Vergnügen.
In einem Haus weint die Mutter. Der Vater hat die Familie verlassen. Warum? Die Kinder sind traurig.
Vor einem Eigenheim steht der Möbelwagen. Neue Mieter ziehen ein. Da gibt es viel Arbeit.
Da hört man lautes Schreien. Zwei Brüder streiten miteinander. Sie raufen und beschimpfen sich laut mit bösen Worten.
usw.

**Die Menschen öffnen Türen (zu 8.)**

2. Sie machen auf die Ohren und hören Jesus an.
   Sie hören, in dem Jesus, da spricht ein Gottesmann.
3. Sie machen auf die Augen und schauen Jesus an.
   Sie sehen, in dem Jesus, da schaut Gott selbst uns an.
4. Sie machen auf die Hände und fassen Jesus an.
   Sie spüren, in dem Jesus, da rührt Gott selbst uns an.
5. Sie bringen ihre Kinder und geben sie dem Herrn.
   Sie bitten: Jesus, segne die Kinder, hab sie gern!

6. Es kommen viele Kranke, taub, stumm und blind und lahm.
Sie fassen Jesu Kleider und seine Hände an.
7. Sie rufen: Herr erbarme! Erbarm dich unsrer Not!
Erlöse uns von Krankheit, vom Bösen und vom Tod!
8. Und Jesus schaut mit Liebe die vielen Menschen an.
Heilt ihre kranken Herzen und ihre Wunden dann.
9. Wir fragen alle staunend, wie Jesus das nur schafft.
Wir glauben, in dem Jesus wirkt Gottes Geist und Kraft.

Text und Melodie: Franz Kett
aus: Religionspädagogische Praxis Nr. 1/84
RPA Verlag, Landshut

**Komm und folge mir (zu 14.)**

2. Teil mit mir jetzt meine Wege,
teil mit mir das Brot, den Wein.
Teil mit mir jetzt Leid und Freude.
Lasset Freunde jetzt uns sein.

3. Such das Neue, such das Leben.
Suche mit mir Gottes Reich.
Such mit mir jetzt zu verkünden
seine Kraft und Herrlichkeit.

4. Teile mit mir jetzt dein Leben,
teil mit mir den Menschen aus:
Brot und Liebe, was sie brauchen.
Gottes Leben teil mit aus.

Text und Melodie: Franz Kett.
aus: Religionspädagogische Praxis Nr. 2/87
RPA Verlag, Landshut

## Monstranz

## Fronleichnam: Segen für alle

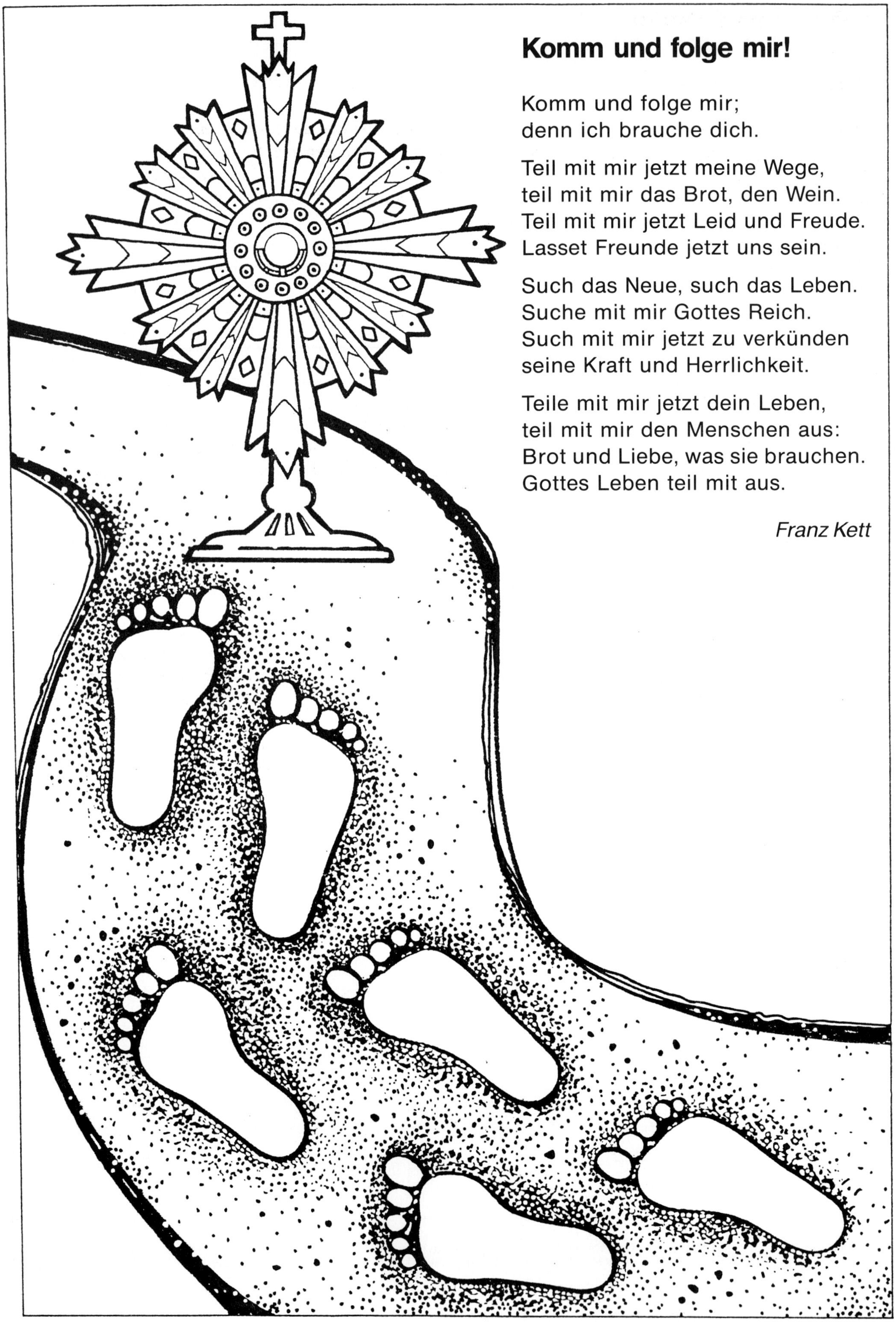

## Komm und folge mir!

Komm und folge mir;
denn ich brauche dich.

Teil mit mir jetzt meine Wege,
teil mit mir das Brot, den Wein.
Teil mit mir jetzt Leid und Freude.
Lasset Freunde jetzt uns sein.

Such das Neue, such das Leben.
Suche mit mir Gottes Reich.
Such mit mir jetzt zu verkünden
seine Kraft und Herrlichkeit.

Teile mit mir jetzt dein Leben,
teil mit mir den Menschen aus:
Brot und Liebe, was sie brauchen.
Gottes Leben teil mit aus.

*Franz Kett*

# 13 Petrus und Paulus

## Von Jesus Christus gerufen

Das Hochfest der Apostel Petrus und Paulus am 29. Juni ist wohl das bekannteste aller Apostelfeste. Vom biblischen Befund her ist ihre gemeinsame Verehrung keineswegs selbstverständlich, weiß Paulus doch von heftigen Auseinandersetzungen mit Petrus, dem Haupt der Jerusalemer Gemeinde, zu berichten (Gal 2,11–14). Zusammen mit seinem Bruder Andreas gehörte *Simon,* der Sohn des Jonas, genannt *Petrus* (der *Fels*; auch *Kephas*) zu den ersten Jüngern, die Jesus berief. Beim Fischen am Seen Genesaret traf sie der Ruf Jesu: „Folgt mir nach; ich will euch zu Menschenfischern machen!" (Mt 4,18–22; vgl. Mk 1,16–20; Lk 5,1–11; Joh1,35–51). Seine besondere Stellung im Jüngerkreis verdankte er der Zusage Jesu: „Du bist Petrus und auf diesem Felsen will ich meine Gemeinde bauen und die Pforten der Hölle sollen sie nicht überwältigen" (Mt 16,13–20; Mk 8,27–30; Lk 9,18–21).
Paulus, zunächst erbitterter Feind und Verfolger der Gemeinde (Apg 7,58; 8,1.3; 9,1 f.), hatte vor den Toren von Damaskus eine Christusbegegnung, die sein Leben verwandelte (9,3–8); aus dem Verfolger der Gemeinde wurde der Verkünder der Christusbotschaft, der *Heidenapostel,* der das Evangelium über große Teile des römischen Reiches verbreitete und zahlreiche heidenchristliche Gemeinden gründete.[1]

## Unterrichtliche Arbeit

Die Bearbeitung des *Arbeitsblattes 13.1* setzt voraus, dass den Kindern die Einteilung des neuen Testamentes in Evangelien, Apostelgeschichte und Briefe, nach Kapiteln und Versen bekannt ist und sie wissen, dass mit dieser Einteilung jede Aussage im NT genau bezeichnet und aufgefunden werden kann.
Die Kinder suchen in Partnerarbeit im NT die auf dem Arbeitsblatt angegebenen Stellen und schreiben sie neben das entsprechende Bild. Das ausgefüllte *Arbeitsblatt 13.1* ermöglicht die Reflexion über die besondere Stellung des Apostels Petrus. Er ist der Fels – also der tragende Grund der Kirche. Wer die Schlüsselgewalt hat, genießt Vertrauen und Macht zu öffnen und zu verschließen. Ein Hirte ist verantwortlich und sorgt für seine Herde. Er ist für sie die einzige Orientierung. Dies bestätigt die Beobachtung eines Schäfers bei seiner Herde auf eindrucksvolle Weise.
Das Bild vom Petersdom in Rom lässt die herausragende Stellung des Bischofs von Rom als Oberhaupt der Kirche in der Nachfolge des Petrus zur Sprache kommen.
Das *Arbeitsblatt 13.2* regt zur Reflexion über die Bedeutung des Apostels Paulus an. Er trägt die frohe Botschaft über die Grenzen des Judentums hinaus in das römische Weltreich. Als genauer Kenner der alten Schriften denkt Paulus an die Aussage des Jesaja, dass der Messias nicht nur Herrlichkeit für Israel ist, sondern gleichzeitig – ein Licht, das die Heiden erleuchtet (Lk 2,32; vgl. Jes 42,6).

[1] Der Text „Von Jesus Christus berufen" ist entnommen aus Karl-Heinrich Bieritz „Das Kirchenjahr", München 1991

## Petrus – der Erste unter den Aposteln

Ich bin Petrus, der Fischer. Jesus hat mich zu seinem Jünger gemacht, obwohl ich ein Hitzkopf war. Ich habe vieles falsch gemacht, aber der Herr wusste, dass ich ihn über alles liebte. Ich habe die Frohe Botschaft Jesu Christi überall verkündet. Dafür bin ich in Rom wie der Herr gekreuzigt worden. Diese Zeichen erinnern an wichtige Ereignisse in meinem Leben. Suche und lies zu jedem Zeichen die Stelle im NT. Dann weißt du viel von mir.

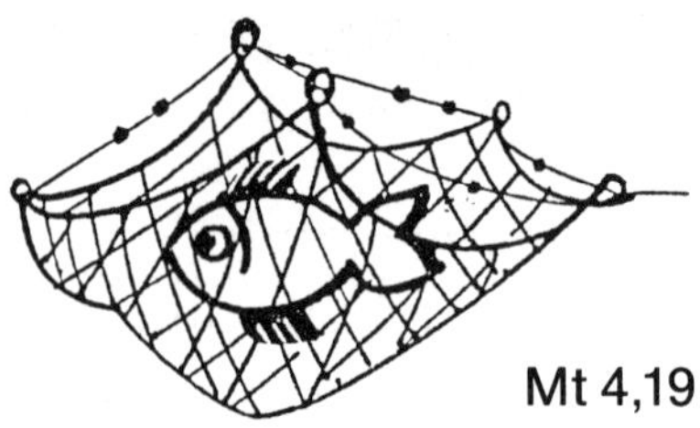

Mt 4,19

Mt 26,75

Mt 16,18

Mt 16,19

Joh 21,15–16

INRI
A Ω

## Paulus

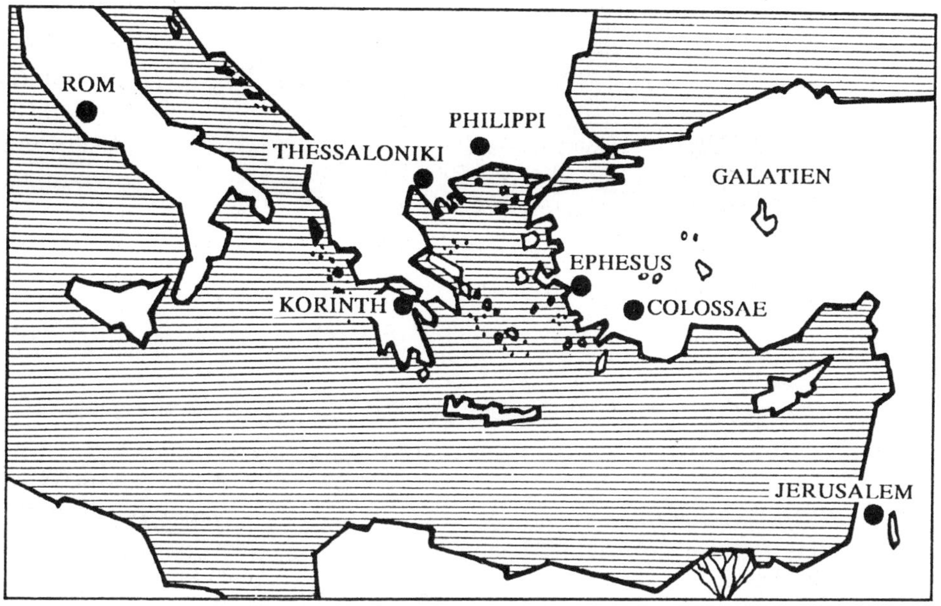


Ich bin Paulus aus Tarsus. Zuerst hieß ich Saulus und habe als Pharisäer (Schriftgelehrter der Juden) die ersten Christen verfolgt und angeklagt. Doch dann veränderte sich mein Leben völlig. Obwohl ich den Herrn Jesus Christus nie selbst gesehen habe, als er lebte, berief er mich vor Damaskus in seinen Dienst. Es schlug bei mir ein wie ein Blitz, als ich seine Stimme hörte, die mich fragte: „Warum verfolgst du mich?“ Da wusste ich plötzlich, dass er der Herr ist. Von da an war Er mein Leben. Ich lernte Petrus und die anderen Apostel kennen, die mir alles von Jesus Christus erzählten. Ich verkündete die Frohe Botschaft überall. Ja, ich brachte sie nach Kleinasien und über das Mittelmeer nach Griechenland und Rom. An die Gemeinden, denen ich die Frohe Botschaft verkündet habe, schrieb ich viele Briefe. Einige findest du im Neuen Testament. Das Ende meines Lebens verbrachte ich in Gefangenschaft in Rom. Ich wurde zum Tode verurteilt, weil ich an Jesus Christus glaubte. Weil ich das römische Bürgerrecht hatte, durfte man mich nicht kreuzigen wie Petrus. Ich starb durch das Schwert.

Schau im NT nach, an welche Gemeinden ich Briefe geschrieben habe. Schreibe die Namen der Gemeinden auf.

______________________________

______________________________

______________________________

______________________________

# 14 Mariä Himmelfahrt

## Maria hat uns das Heil gebracht – Kräuterweihe

In unserer Zeit ist der Sinn für die heilenden Kräfte der Natur neu erwacht. Der tausend Jahre alte Brauch der Kräuterweihe ist in vielen Gegenden aus Tradition neu belebt worden. Es ist jedoch notwendig, dass das Wissen um die inneren Zusammenhänge bewusst gemacht wird. Heutige Bemühungen zielen darauf hin, dass die Menschen ein dankbares Verhältnis zur Schöpfung und damit zum Schöpfer gewinnen.
Schon in vorchristlicher Zeit haben die Menschen von den heilenden Kräften der Kräuter gewusst. In der Heilkunde der Ägypter, Griechen und Römer spielten sie eine bedeutende Rolle. Die Christen weihten die Kräuter, um zum Ausdruck zu bringen, dass deren Heilkraft ein Geschenk Gottes an die Menschen ist. Ein Segensgebet aus dem 10. Jahrhundert drückt das so aus:

„Allherrschender Gott, den Menschen Urheber allen Heils und aller Gesundheit, du Arzt für Seele und Leib, in unerforschlicher Weisheit hast du eine Fülle von Pflanzen als heilwirkende Medizin für die Kranken geschaffen. Wir bitten dich: Erfülle die Kräuter, die du geschaffen hast, mit deinem heilsamen Segen; und jedem Kranken, der sie braucht, seien sie Arznei für den Leib und Kraft für die Seele, auf dass er dir Dank abstatte und alle Geister loben unseren Herrn Jesus Christus."

Die Kirche hat in früheren Zeiten die Weihe der Heilkräuter an verschiedenen Kirchenfesten vorgenommen. Heute findet die Kräuterweihe nur noch am Fest Mariä Himmelfahrt statt. Ein Grund dafür ist sicherlich naturgegeben, denn in der hochsommerlichen Blütezeit haben die Kräuter ihre stärkste Heilkraft. Aber die Kräuterweihe steht auch in einem inneren Zusammenhang mit dem Marienfest „Mariä Himmelfahrt". Einmal gilt Maria als „Schützerin der Feldfrüchte". Es gibt viele Bilder und Figuren, die Maria als „Madonna im Ährenkleid" darstellen. Zum anderen hat Maria uns den „Heiland" geschenkt und ist selber am Ende ihres irdischen Lebens mit Leib und Seele in die Herrlichkeit Gottes aufgenommen worden. Maria ist der Inbegriff der Hoffnung auf das Heilwerden der ganzen Schöpfung. Sie ist die Repräsentantin der erlösten Menschen.

## Unterrichtliche Arbeit

- Mit den Kindern ein Marienbild anschauen, auf dem Maria mit dem Jesuskind dargestellt ist.
- Jesus hat viele Namen. Einer davon ist „Heiland". Mit diesem Namen wird etwas von Jesus ausgesagt.
- Gott hat vieles wachsen und werden lassen, was den Menschen hilft gesund zu werden, wenn sie krank sind.
- Ich habe etwas mitgebracht. Kinder dürfen Pfefferminze und Kamille ansehen und daran riechen; Erfahrungen austauschen.
- In der Natur wachsen viele Heilpflanzen (evtl. Pflanzen mitbringen lassen oder mitbringen, Bilder von Heilpflanzen zeigen, Namen zuordnen).
- Aus Kräutern macht man Tee, Salben, Tropfen, Tinkturen. (Man könnte mit den Kindern Tee kochen und trinken.)
- Für all diese Heilmittel danken wir Gott am Festtag der Mutter Gottes. Viele Menschen tragen Kräutersträuße in die Kirche und lassen sie segnen, damit die Kräuter den Menschen helfen gesund zu bleiben oder gesund zu werden.
- Mit den Kindern darüber nachdenken, warum die Kirche am Fest „Mariä Himmelfahrt" die Kräuter segnet.

Auf dem *Arbeitsblatt 14.1* können die jüngeren Kinder die drei Wörter Kräuter – Blumen – Heiland einsetzen, die der/die Lehrer/in an die Tafel schreibt. Im Lückentext auf *Arbeitsblatt 14.2* für die Kinder der 3. und 4. Klassen sind die Wörter einzusetzen: Jesus – gesund – heil – heil – Heiland – Kräuter – Blumen – heil

Lösung

## Maria hat uns das Heil gebracht

Gott will, dass wir gesund sind.
Die *Kräuter* schenken Gesundheit.
Gott will, dass wir froh sind.
Die *Blumen* schenken Freude.
Gott will, dass wir heil sind,
darum hat er uns durch Maria
den *Heiland* geschenkt.

AB 14.1

Lösung

## Kräuterweihe an Mariä Himmelfahrt

Maria hat uns *Jesus* gebracht.
Jesus wollte, dass alle Menschen *froh* und *glücklich* sind. Er machte die Menschen *gesund* an Leib und Seele.
Maria hat uns dieses Heil gebracht. Sie brachte den *Heiland* zur Welt.
Für die Gesundheit des Leibes hat uns Gott die *Kräuter* geschenkt.
*Blumen* können die Seele froh machen.
Die gesegneten Kräuter und Blumen an Mariä Himmelfahrt sagen uns: *Gott will, dass der Mensch heil ist.*

AB 14.2

## Maria hat uns das Heil gebracht

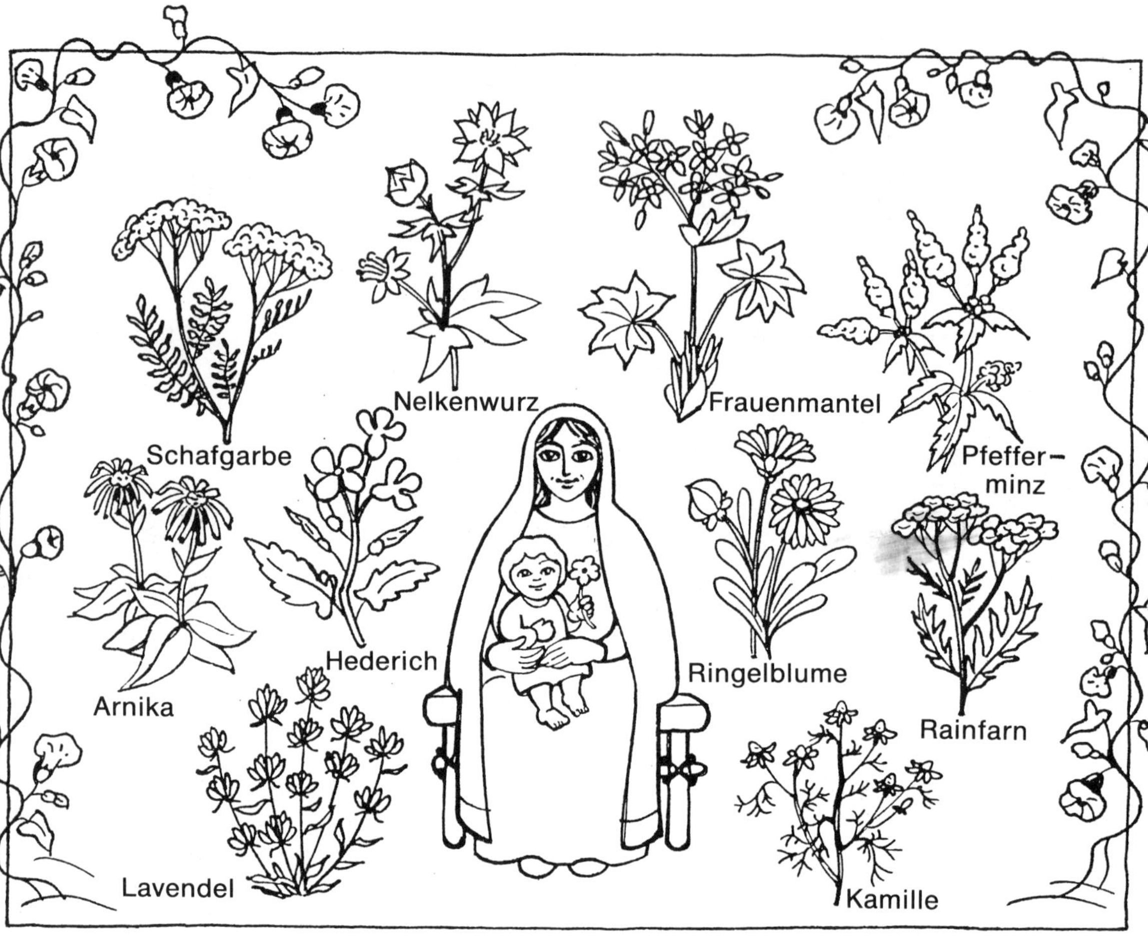


Gott will, dass wir gesund sind.

Die ________________ schenken Gesundheit.

Gott will, dass wir froh sind.

Die ________________ schenken Freude.

Gott will, dass wir heil sind,

darum hat er uns durch Maria

den ________________ geschenkt.

## Kräuterweihe an Mariä Himmelfahrt

Maria hat uns ____________________ gebracht.

Jesus wollte, dass alle Menschen ____________________ und ____________________ sind. Er machte die Menschen ____________________ an Leib und Seele.

Maria hat uns dieses Heil gebracht. Sie brachte den ____________________ zur Welt.

Für die Gesundheit des Leibes hat uns Gott die ____________________ geschenkt.

____________________ können die Seele froh machen.

Die gesegneten Kräuter und Blumen an Mariä Himmelfahrt sagen uns: *Gott will, dass der Mensch ____________________ ist.*

# 15 Fest der Erzengel Michael, Gabriel und Rafael

## Engel – Boten Gottes

Oft wird die Frage gestellt, ob man den Kindern von Engeln erzählen soll. Doch geht man der Bedeutung der Engel in der Bibel nach, so stellt man fest, dass sowohl im AT wie im NT häufig von Engeln und ihrem Dienst die Rede ist. Einzelne tragen sogar Namen: Michael, Rafael, Gabriel, die als Cherubim und Serafim, als Mächte und Gewalten verschiedene Aufgaben erfüllen. Es gibt Engel als Boten Gottes, die da auftreten, wo Gott Menschen eine wichtige Botschaft sagen will; Engel am Throne Gottes, die die Herrlichkeit des Herrn lobpreisen, und Engel, die Schutzengel der Menschen sind. Als Bote kommen sie u. a. zu Abraham (Gen 18,1), zu Zacharias (Lk 1,5), zu Maria (Lk 1,26), zu Josef (Mt 2,13) und zu den Hirten in Betlehem (Lk 2,1), zu den Weisen aus dem Osten (Mt 2,1) und zu Petrus (Apg 12,1). Von den Engeln am Throne Gottes erzählen der Prophet Jesaja und Johannes. In jeder Präfation der heiligen Messe beten wir: „Darum preisen wir dich mit allen Engeln und Heiligen und singen vereint mit ihnen das Lob deiner Herrlichkeit.“ In einem Psalm heißt es: „Lobt den Herrn, ihr seine Engel, ihr starken Helden, die seine Befehle vollstrecken, seinen Worten gehorchen.“ Über die Verbindung des Schutzengels mit dem einzelnen Menschen hat Jesus gesagt, als er davor warnte, Kinder zum Bösen zu verführen: Denn „ihre Engel im Himmel sehen stets das Angesicht meines himmlischen Vaters“ (Mt 18,10). In der frühen Kirche war die Vorstellung unumstritten, dass jeder Mensch seinen eigenen Schutzengel hat. Als Petrus auf wunderbare Weise aus dem Gefängnis befreit wurde und vor der Tür seiner Freunde stand, konnten sie es gar nicht glauben und sagten: „Es ist sein Engel.“

Kinder hören heute sagen: „Der hat einen guten Schutzengel gehabt“, wenn jemand aus anscheinend auswegloser Situation unversehrt herauskommt. Sie hören den Ausspruch: „Du bist ein rettender Engel“, wenn jemand in einer Notsituation hilfreich eingreift, oder „diese Frau ist ein Engel“, wenn jemand außergewöhnlich viel Gutes tut. Sie begegnen im Deutschunterricht vielleicht dem bekannten Gedicht von R. O. Wiemer „Es müssen nicht Männer mit Flügeln sein, die Engel“ oder dem Gebet von D. Bonhoeffer: „Von guten Mächten wunderbar geborgen, erwarten wir getrost, was kommen mag.“

Vielleicht gelingt es uns im RU all diesen Begegnungen mit dem Begriff Engel ein Fundament zu verleihen, wenn wir den Kindern Geschichten von Engeln erzählen und dadurch ermöglichen, dass sie Engeln als Boten Gottes, als Gefährten, als Retter, als Ratgeber und als guter Macht begegnen. Engel kommen von Gott und stellen immer eine Beziehung zwischen Gott und Mensch her. Sie führen auf den Weg zu Gott. „Vor Kindern von den Engel erzählen heißt also, auf den Schwerpunkt, das Wesentliche der jeweiligen Heilsgeschichte eingehen, von der Beziehung zu Gott – Mensch erzählen und nicht um das äußere Erscheinungsbild eines Engels kreisen, wie groß oder klein er ist, wie hell oder dunkel, wie groß seine Flügel sind . . .“ (Religionspäd. Arbeitshilfen 4/84 S. 7).

Die Geschichte von Tobias und dem Engel (Grundschulbibel, S. 119–125) eignet sich besonders für die kindgemäße Begegnung mit einem Engel.

## Unterrichtliche Arbeit

Für die jüngeren Kinder sollte man die Bibelstellen auf dem *Arbeitsblatt 15.1* weglassen und zu den Bildern erzählen. Je nach Schreibfähigkeit können die Kinder einen Satz neben jedes Bild schreiben (Gegrüßet seist du, Maria. Ich verkünde große Freude. Jesus lebt! . . .)

Für ältere Kinder lautet der Arbeitsauftrag: Jeweils drei Texte enthalten ähnliche Aussagen. Unterstreiche diese drei Aussagen mit einer Farbe. Du brauchst drei verschiedene Farben.

(Drei Texte: Fürchtet euch nicht! Drei Texte sprechen vom Licht. Drei Texte sprechen von der Angst der Menschen.)

Die vier Texte berichten von einem Geschenk, das Gott den Menschen bereitet hat. Unterstreiche dieses Geschenk in jedem Text in einer vierten Farbe.

(Du wirst ein Kind empfangen. Heute ist euch der Retter geboren. Jesus ist auferstanden. Die Ketten fielen von seinen Händen.)

Die Bilder auf *Arbeitsblatt 15.2* zeigen Situationen aus der biblischen Geschichte von Tobias und dem Engel, in denen sich der Engel hilfreich erweist. Das *Arbeitsblatt* strukturiert mit diesen Bildern und kleinen Wegweisern die wichtigsten Stationen der Geschichte. Man könnte die Bilder den Wegweisern durch gleiche Nummern zuordnen. Anschließend sollte dem Engel für jede Station der Geschichte (des Weges mit Tobias) ein deutender Name gegeben werden. Der Engel erweist sich als Weggefährte – Lebensretter – Ratgeber – Vertrauter – Wegweiser. Andere Bezeichnungen sind möglich. Die Begriffe sollen auf die freien Linien neben die Bilder auf dem Weg geschrieben werden.

## Gedicht

Es müssen nicht Männer mit Flügeln sein,
die Engel.
Sie gehen leise, sie müssen nicht schrein,
oft sind sie alt und häßlich und klein,
die Engel.

Sie haben kein Schwert, kein weißes Gewand,
die Engel.
Vielleicht ist einer, der gibt dir die Hand,
oder er wohnt neben dir, Wand an Wand,
der Engel.

Dem Hungernden hat er das Brot gebracht,
der Engel.
Dem Kranken hat er das Bett gemacht,
und er hört, wenn du ihn rufst, in der Nacht,
der Engel.

Er steht im Weg und er sagt: nein,
der Engel,
groß wie ein Pfahl und hart wie ein Stein –
Es müssen nicht Männer mit Flügeln sein,
die Engel.

*Rudolf Otto Wiemer*

*Aus: Rudolf Otto Wiemer, Es müssen nicht Männer mit Flügeln sein. Quell Verlag, Stuttgart*

**Lösung**

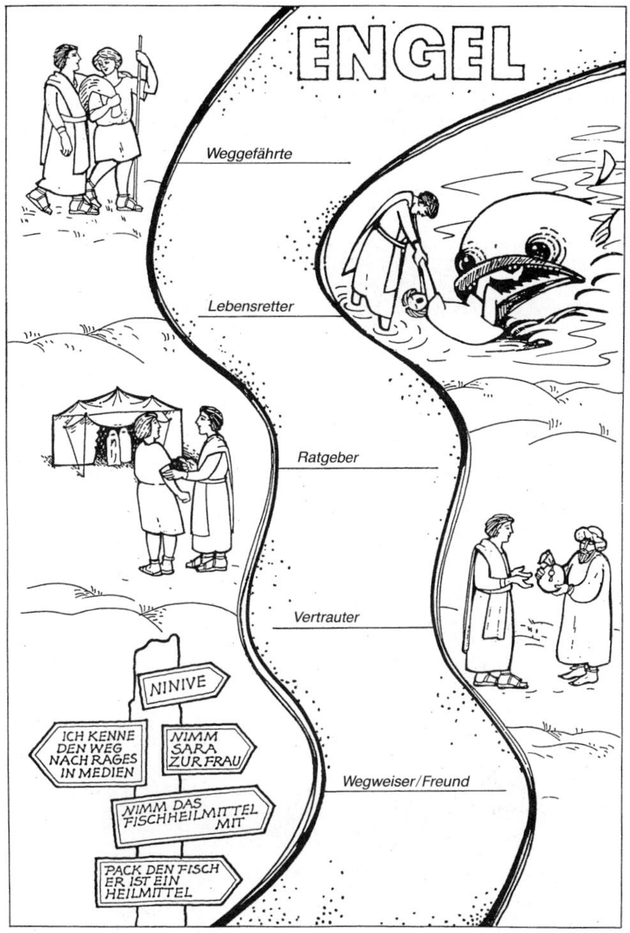


Andere Begriffe sind möglich. **AB 15.2**

# ENGEL-BOTEN GOTTES

Der Engel trat bei ihr ein und sagte: Sei gegrüßt, du Begnadete, der Herr ist mit dir. Sie erschrak über diese Anrede und überlegte, was dieser Gruß zu bedeuten habe. Da sagte der Engel zu ihr: Fürchte dich nicht, Maria; denn du hast bei Gott Gnade gefunden. Du wirst ein Kind empfangen, einen Sohn wirst du gebären: dem sollst du den Namen Jesus geben.
Lk 1,28–31

Da trat der Engel des Herrn zu ihnen und der Glanz des Herrn umstrahlte sie. Sie fürchteten sich sehr, der Engel aber sagte zu ihnen: Fürchtet euch nicht, denn ich verkünde euch eine große Freude. Heute ist euch der Retter geboren.
Lk 2,9–11

Seine Gestalt leuchtete wie ein Blitz und sein Gewand war weiß wie Schnee. Die Wächter begannen vor Angst zu zittern und fielen wie tot zu Boden. Der Engel aber sagte zu den Frauen: Fürchtet euch nicht! Ich weiß, ihr sucht Jesus, den Gekreuzigten. Er ist nicht hier, denn er ist auferstanden, wie er gesagt hat.
Mt 28,3–6

Plötzlich trat ein Engel des Herrn ein und ein helles Licht strahlte in den Raum. Er stieß Petrus in die Seite, weckte ihn und sagte: Schnell, steh auf! Da fielen die Ketten von seinen Händen. Der Engel aber sagte zu ihm: Gürte dich und zieh deine Sandalen an! Er tat es. Und der Engel sagte zu ihm: Wirf deinen Mantel um und folge mir!
Apg 12,7–8

ENGEL
NINIVE
ICH KENNE DEN WEG NACH RAGES IN MEDIEN
NIMM SARA ZUR FRAU
NIMM DAS FISCHHEILMITTEL MIT
PACK DEN FISCH ER IST EIN HEILMITTEL

# 16 Erntedank

## Dank für die Frucht der Erde und der menschlichen Arbeit

Das Erntedankfest wird im Allgemeinen am 1. Oktobersonntag gefeiert. In den letzten Jahren, in denen das ökologische Bewusstsein immer mehr gewachsen ist, bemerkt man im Zusammenhang mit diesem Fest eine Wiederbelebung alten Brauchtums: Erntekrone, Erntekranz und Getreidesträuße schmücken zunehmend Häuser und Geschäfte. In unseren Kirchen ist der Altarschmuck vom Gedanken des Erntedankes bestimmt. Vielerorts gibt es am Erntesonntag Gemeindefeste.

Kinder, die in ländlichen Gegenden aufwachsen, erleben beim Wachsen und Reifen die Abhängigkeit der menschlichen Arbeit vom Wirken der Natur. Sie erfahren ursprünglicher, dass der Mensch nicht alles machen kann.

Kinder, die in Städten aufwachsen, haben häufig keinen Bezug mehr zum jahreszeitlichen Wechsel und erleben täglich, dass alle Produkte der Ernte jederzeit ganz selbstverständlich zu haben sind. Staunen und Freude über die Fülle und den Reichtum des Angebotes kommt selten auf. Das Erntedankfest bietet einen guten Ansatzpunkt, Kinder zur Freude, zum Staunen, zum Dank für die Gaben der Natur zu führen.

In den Städten erfreuen sich die Wochenmärkte großer Beliebtheit, weil die Käufer die Frische der angebotenen Waren, die offene Präsentation und die persönliche Beziehung zum Erzeuger, der seine Ware häufig selbst anbietet, erlebt. Auf dem Wochenmarkt kaufen die Menschen lieber, weil sie darauf vertrauen, dass ihnen hier die Waren unverfälschter angeboten werden. Hier können auch Kinder unbewusst erfahren, dass Kartoffeln auf dem Acker gewachsen sind und nicht in der Fabrik in Tüten hergestellt wurden.

## Unterrichtliche Arbeit

- Einen Bauern besuchen und ihm bei der Arbeit zuschauen.
- Mit den Kindern einen Wochenmarkt besuchen.
- Den Duft eines Korbes mit Äpfeln wahrnehmen.
- Verschiedene Apfelsorten anschauen und probieren.
- Riech- und Schmeckspiele mit verbundenen Augen spielen.
- Obstsalat herstellen und am schön gedeckten Tisch bewusst gemeinsam essen.

Das *Arbeitsblatt 16.1* bietet folgende Möglichkeiten:

- Den Marktstand mit Obst- und Gemüseangeboten selbst gestalten (malen, Collage kleben).
- den Marktstand mit den Obst- und Gemüsekisten vom Arbeitsblatt füllen.
- In die Markise kann ein selbst formuliertes Dankgebet geschrieben werden.
- Aus *Arbeitsblatt 16.2* kann aus den vorgegebenen Worten ein Dank- oder Lobspruch zusammengesetzt und in die Markise des Marktstandes auf Arbeitsblatt 16.2 geklebt werden.
  Möglich sind:
  DANKE GUTER GOTT
  GUTER GOTT DANKE
  ERNTEDANK
  LOB UND DANK
  LOBE DEN HERRN
  LOBE GOTT DEN HERRN
- Für jüngere Kinder empfiehlt es sich, aus dem Arbeitsblatt 16.2 eine Auswahl zu treffen.

Erntedank

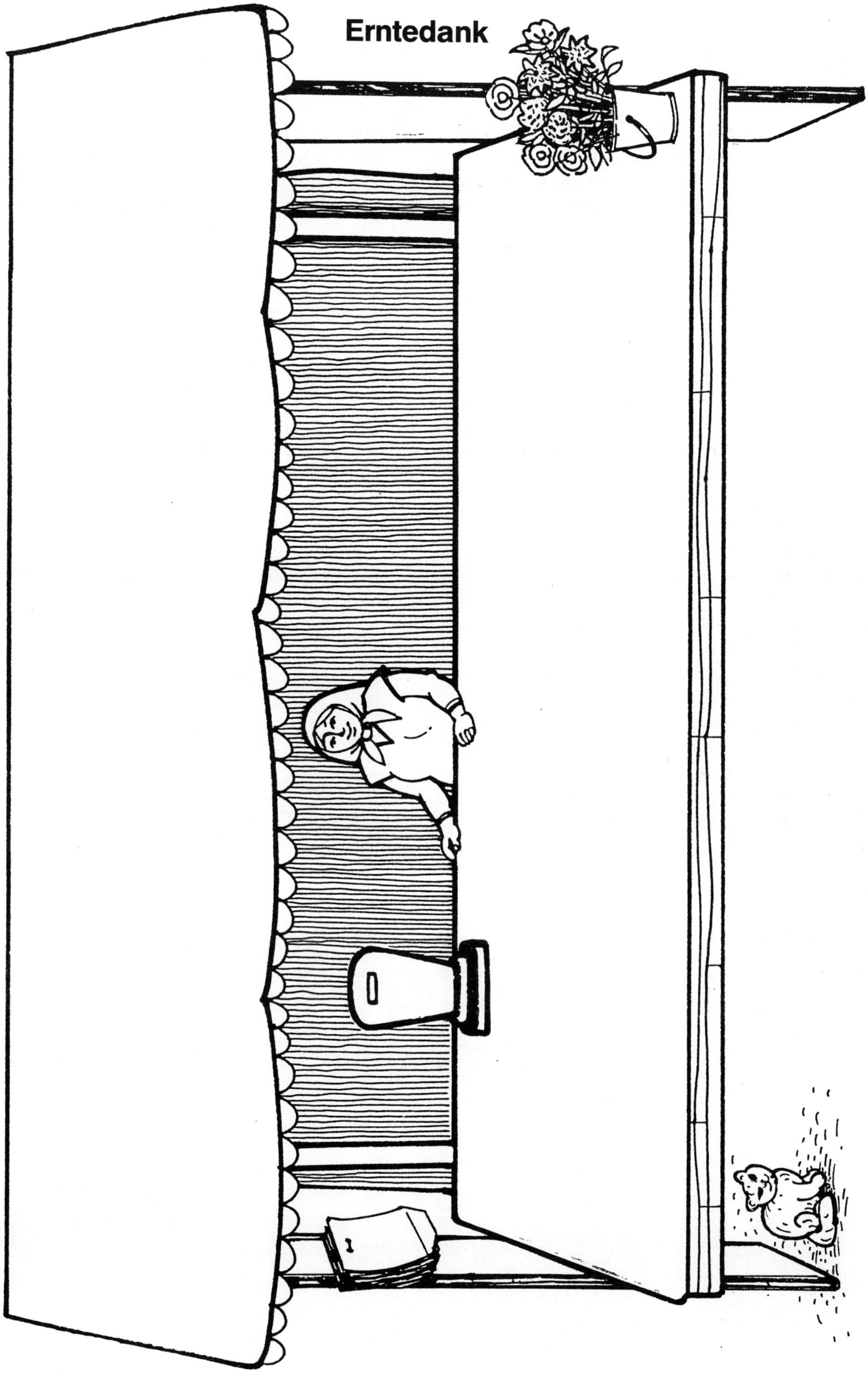

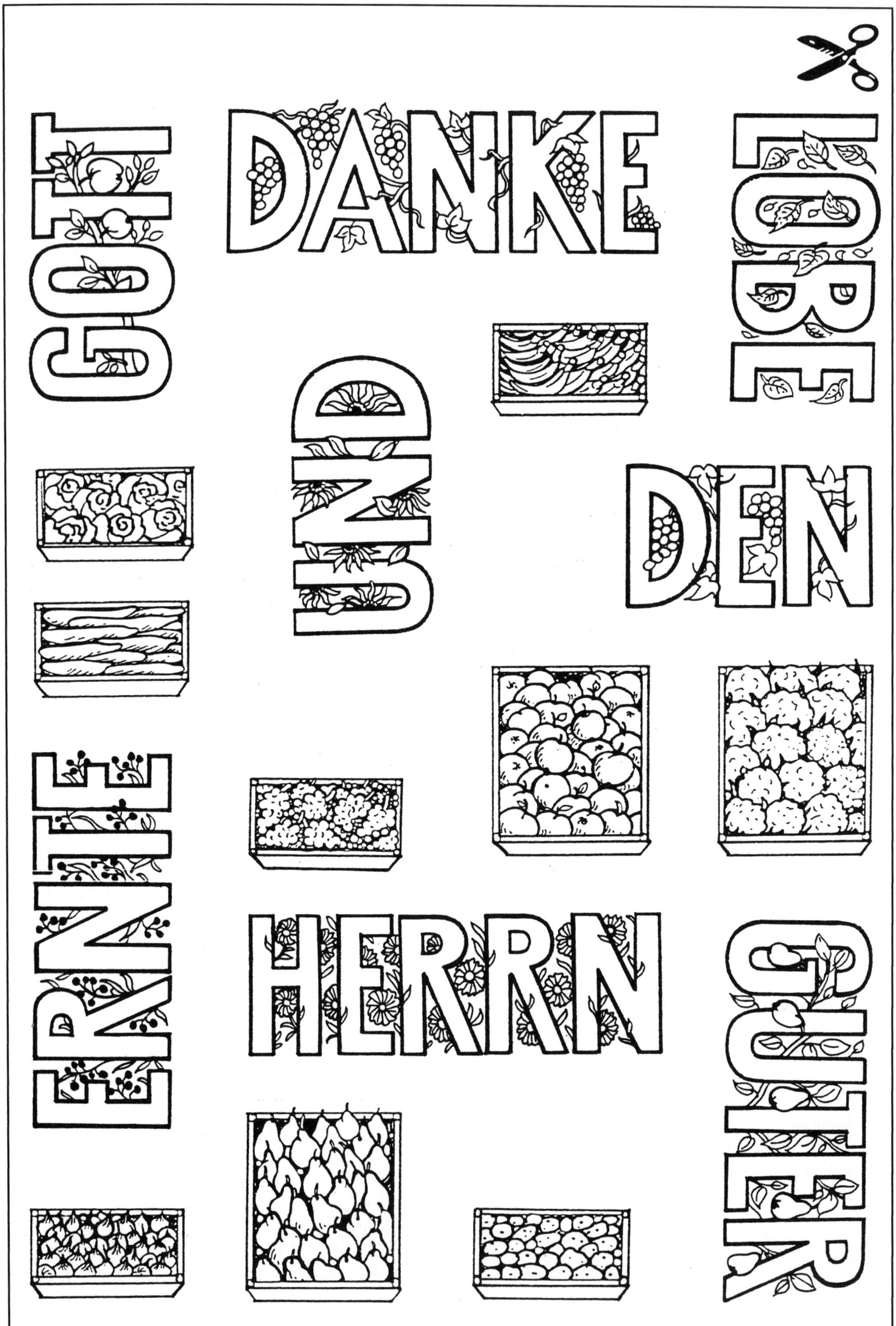
GOTT
DANKE
LOBE
UND
DEN
ERNTE
HERRN
GÜTER

# 17 Franziskus

## Gottes Welt in unserer Hand

Franziskus wurde 1182 in Assisi in Italien geboren. Sein Vater war ein reicher Tuchhändler, der seinem Sohn alles bieten konnte. Franziskus war ein fröhliches und wildes Kind. Er liebte es, mit seinen Freunden durch die Weinberge zu toben und Ritterspiele zu spielen. Er saß aber auch gerne am Ufer des Flusses, sah den Fischen zu und lauschte dem Gesang der Vögel. Als Franziskus ein junger Mann war, gab es in Oberitalien viele Kriege zwischen den Städten. Auch Franziskus musste mitkämpfen und wurde gefangen genommen. Seine Eltern zahlten ein hohes Lösegeld für ihn, um ihn wieder freizubekommen. Krank und elend kehrte Franziskus nach Hause zurück. Er war völlig verändert, wollte keine ausgelassenen Feste mitfeiern und keine kostbaren Kleider tragen. Er verschenkte all seine Sachen, seine Kleidung, seinen Schmuck. Er besuchte nun die Kranken und Armen um ihnen zu helfen. Seinem Vater gefiel das gar nicht. Doch Franziskus ließ sich von seinem neuen Weg nicht abbringen, er verzichtete auf sein reiches Erbe und ging in die kleine zerfallene Kirche St. Damiano. Er gewann viele Freunde, die wie er alles aufgaben um Jesus und den Armen zu dienen. Franziskus liebte die Natur über alles. Oft holte er seine Laute hervor und sang Lob- und Preislieder für Gott, den Schöpfer der Welt. Sein bekanntestes Lied ist der „Sonnengesang“, in dem er die Schöpfung als Schwester und Bruder anspricht. Franziskus war so erfüllt von Liebe zu Gott, dass er sagte: „Ich will den Menschen und Tieren immer und immer wieder von Gott erzählen.“ Franziskus und seine Mitbrüder wollten die frohe Botschaft von Jesus Christus überall verkünden. So wanderten sie durch das Land, erzählten von Gott und Jesus Christus und halfen überall, wo Not war. Am Ende seines Lebens war Franziskus krank. Er starb am 3. 10. 1226. Vier Jahre später wurde er heilig gesprochen.
In einer Zeit, in der Naturschutz- und Umweltbewußtsein immer mehr wachsen und die Verantwortung des Menschen für den Erhalt der Erde immer bewusster wird, ist Franziskus ein wirklich moderner Heiliger. Er verkündet den achtsamen Umgang mit der Schöpfung, weil sie uns als Geschenk von Gott anvertraut ist.
An seinem Namensfest, dem 4. Oktober, erinnern seit 1931 die Tierfreunde alljährlich am Welttierschutztag an die besondere Verantwortung des Menschen für die Kreatur. In vielen Pfarrgemeinden werden an diesem Tag die Haustiere gesegnet.

## Unterrichtliche Arbeit

- Den jüngeren Kindern die *Geschichte „Franziskus spricht mit den Vögeln“* erzählen. *(Erzählvorschlag S. 87)*
- Darüber sprechen, was Franziskus wichtig ist.
- Überlegen, welchen großen Wunsch Franziskus hat.
- Auf das *Arbeitsblatt 17.1* viele bunte Vögel malen, die Franziskus zuhören.
- Mit den älteren Kindern den „Sonnengesang“ lesen – *Arbeitsblatt 17.2 und 17.3*
- In jeder Strophe die Bezeichnung des Geschöpfes unterstreichen, das Gott loben soll.
- Zum Unterstreichen verschiedene Farben wählen. Sie sollen den Geschöpfen entsprechen (Sonne – gelb, Mond und Sterne – gelb, Wind – grau, Wasser – blau, Feuer – rot, Erde – braun oder grün)
- Jede Strophe des Sonnengesangs enthält Namenwörter, die das jeweilige Geschöpf näher beschreiben oder mit ihm verwandt sind.
  Diese Wörter sollen in derselben Farbe unterstrichen werden wie das Geschöpf:
  Sonne – Glanz – Tag
  Mond – Glanz – Sterne – Himmel
  Wind – Wolken – Wetter
  Quelle – Wasser
  Feuer
  Erde – Früchte – Blumen – Kräuter
- Von welchem Geschöpf ist in der letzten Strophe die Rede? (vom Menschen)
- Markiere die drei Eigenschaften, um die sich dieses Geschöpf bemühen soll, in einer leuchtenden Farbe.
- Die Rahmen neben den Strophen des „Sonnengesangs“ können mit einem passenden Bild gestaltet werden.
- Es können auch die Bilder von *Arbeitsblatt 17.4* ausgeschnitten, zugeordnet und eingeklebt werden.

**Erzählvorschlag**

**Franziskus spricht mit den Vögeln**

Einmal ging Franziskus aufs Feld
und winkte den Haubenlerchen und Schwalben,
den Tauben und Finken
und rief sie zu sich und sagte zu ihnen:
„Vögel, ihr meine Brüder,
ihr sollt Gott loben und preisen!
Er hat euch eine schöne Stimme geschenkt
und Flügel zum Fliegen
und bunte Federn zum Kleid!

Berge und Hügel, Felsen und Bäume
hat er geschaffen,
damit ihr Nester für eure Jungen bauen könnt!
Er schenkt euch Körner vom Feld
und Wasser vom Bach –
spürt ihr, wie lieb er euch hat?
Seid fröhlich und lobt ihn dafür!"

Da schlugen die Vögel mit ihren Flügeln
und sperrten die Schnäbel auf
und sangen und pfiffen und zwitscherten
ein fröhliches Vogeldanklied.

„Meine Brüder, die Vögel, verstehen mich", sagte Franz.
„Ich wünsche mir, dass meine Brüder, die Menschen,
mich genauso verstehen,
hier und in anderen Ländern,
jetzt und in späteren Zeiten,
diesseits und jenseits der Meere."

*Aus: Lene Mayer-Skumanz: Geschichten vom Bruder Franz, Verlag St. Gabriel, Mödling*

# Franziskus predigt den Vögeln

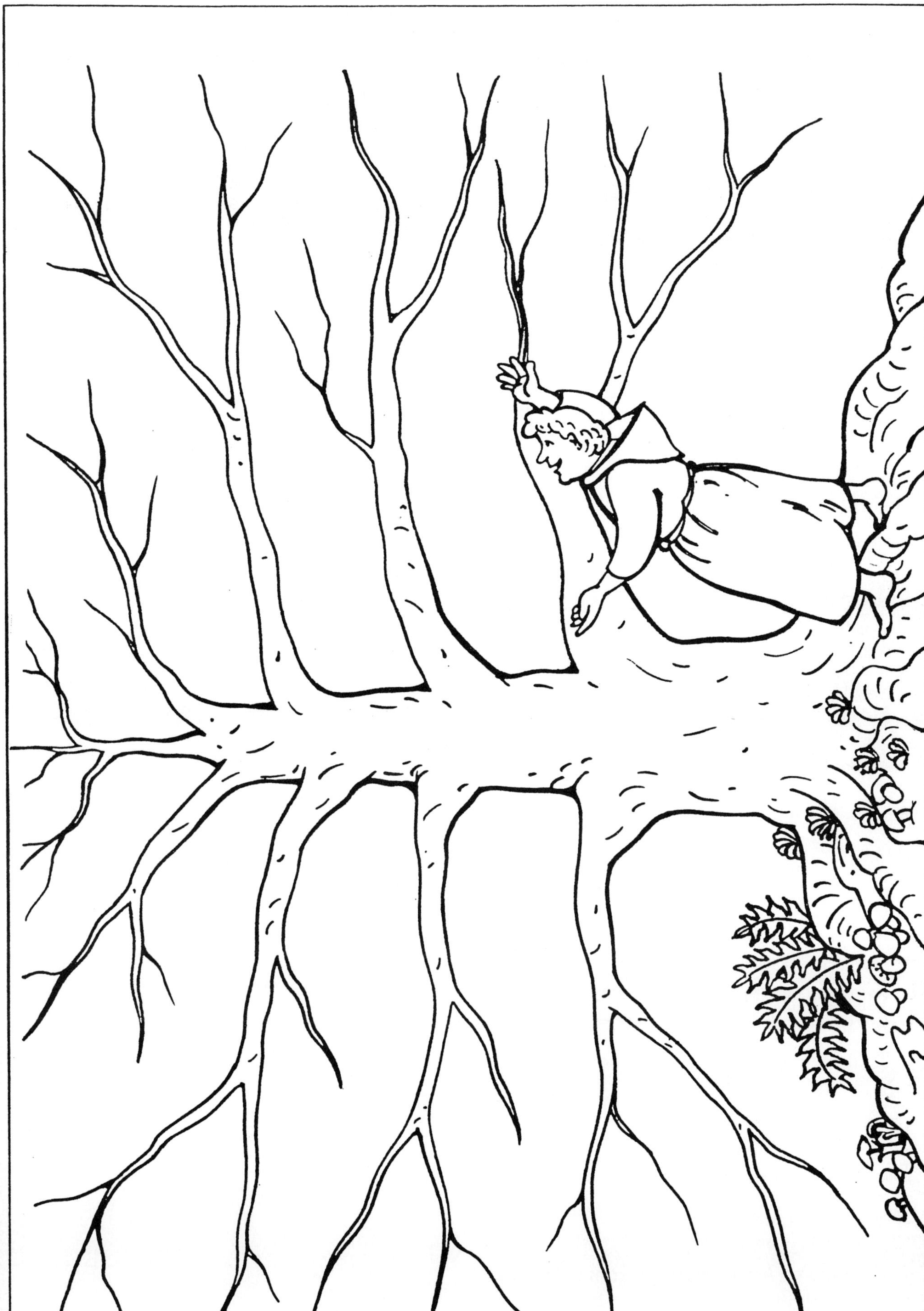

## Sonnengesang des heiligen Franziskus

Sei gelobt, mein Herr,
mit allen deinen Geschöpfen,
mit der Schwester Sonne vor allem,
die strahlend uns den Glanz
des neuen Tages schenkt,
kraftvoll und leuchtend
das Dunkel vertreibend.
Sie ist ein Gleichnis von dir,
Herr, du Höchster.

Sei gelobt, mein Herr,
durch den sanften Bruder, den Mond,
für den silbrigen Glanz der Sterne;
du hast den Himmel damit geschmückt,
klar und schön.

Sei gelobt, mein Herr,
durch den schnellen Bruder, den Wind,
und die treibenden Wolken,
durch heiteres und trübes Wetter,
durch das du uns alle erhältst.

Sei gelobt, mein Herr,
durch die Schwester Quelle,
die uns mit köstlichem Wasser erfrischt.
So nützlich ist sie,
demütig, klar und rein.

Sei gelobt, mein Herr,
durch Bruder Feuer,
den starken, gewaltigen,
der die Nacht uns erleuchtet.

Sei gelobt, mein Herr,
durch unsere Mutter Erde,
die uns ernährt und trägt;
vielerlei Früchte bringt sie hervor
und bunte Blumen und Kräuter.

Sei gelobt mein Herr,
durch alle, die um deiner Liebe willen vergeben,
die geduldig Trauer und Schwachheit ertragen.
Selig, die in Frieden bleiben.
Von dir, Herr, werden sie einst gekrönt.

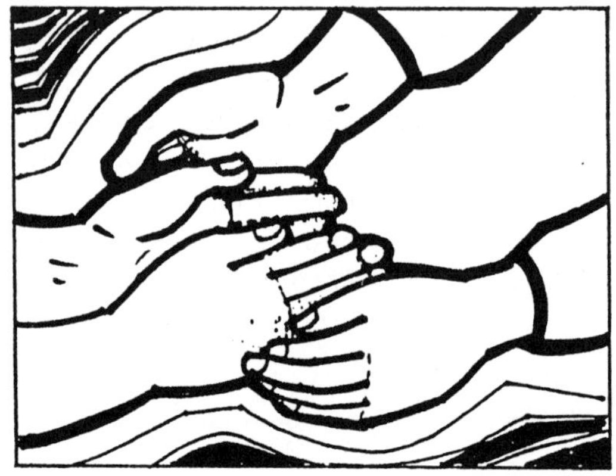

# 18 Weltmissionssonntag

## Leben in einer Welt

Mission heißt Sendung. Jesus sagte: „Geht zu allen Völkern und macht alle Menschen zu meinen Jüngern“ (Mt 28,19). Dieser Auftrag gilt auch heute noch. Jesus will, dass die Frohe Botschaft von der Liebe Gottes allen Menschen verkündet wird. Der Missionsauftrag der Kirche wird vor allem von den Priestern, Diakonen, Brüdern und Schwestern der Missionsorden erfüllt. Aber auch viele Laien arbeiten als Entwicklungshelfer, Lehrer, Ärzte und Krankenschwestern in der Mission. Durch Verkündigung, Gebet und Gottesdienst, durch soziale Dienste und Krankenpflege verkünden sie die Frohe Botschaft Jesu Christi in der ganzen Welt. Die katholischen Christen in Deutschland unterstützen die Arbeit in den Missionen durch das internationale Hilfswerk „Missio“ in Aachen und München. Durch das „Päpstliche Missionswerk der Kinder“ helfen Kinder den Kindern in Asien, Afrika, Lateinamerika und Ozeanien, dass sie leben können. Schwerpunkt dieser Hilfe durch die Kinder ist das „Sternsingen“ am 6. Januar.

„Kinder helfen Kindern“ in ihrem Leben den Weg des Evangeliums zu gehen. Die Kinder in Asien, Afrika und Lateinamerika helfen den Kindern in der Bundesrepublik Deutschland durch ihre Gebete und durch ihre Glaubenskraft. Kinder in der Bundesrepublik helfen Kindern in Übersee durch Gottesdienste und Aktionen verschiedener Art. Sie sammeln für Kinderbibeln in einheimischen Sprachen, für hungernde Kinder in den Dürregebieten unserer Erde, für katechetische Arbeitshilfen, für Kinder in Flüchtlingslagern, für Kinder ohne Eltern, für den Bau von Kindergärten, Kindertagesstätten, Schulen, Kinderkrankenhäusern und Behindertenzentren ... Sie leisten Hilfe zur Selbsthilfe, wo immer Kinder in leiblicher und seelischer Not sind.

Die finanziellen Mittel nimmt das Kindermissionswerk aus den Beiträgen der rd. 1 Million Kinder, die die Zeitschrift „Die Sternsinger – Mission“ oder das „Missionsjahrbuch“ erhalten, aus Projektpartnerschaften, dem Opfer der Kinder am Weltmissionstag, von Kindergruppen, Schulklassen, Familien, Gemeinden und Aktionskreisen sowie aus der Aktion „Dreikönigssingen“ und weiteren Aktionen und Initiativen.

Die Kollekte aus dem Weltmissionstag der Kinder sowie die Mitgliedsbeiträge werden vom Obersten Rat der Kindermissionswerke (Nationaldirektoren aus der ganzen Welt) verteilt. Träger der Aktion „Dreikönigssingen“ sind das Kindermissionswerk und der Bund der Deutschen Katholischen Jugend. Diese beiden vergeben die Mittel in Zusammenarbeit mit den Werken Missio, Adveniat und Misereor, der Deutschen Bischofskonferenz und Vertretern der Diözesen.

Zunehmend gewinnt beim Missionsgedanken die Einsicht Raum, dass wir in der sogenannten 1. Welt nicht alles besitzen müssen und denen in der sogenannten 3. Welt nicht nur etwas von unserer Fülle abgeben sollten, sondern dass wir alle miteinander verbunden sind in der einen Welt: Jeder ist vom anderen abhängig. Es geht nicht nur um das Verteilen von Nord nach Süd, von oben nach unten, um Solidarität, sondern um die Erkenntnis, dass jeder Mensch den kulturellen und geistigen Reichtum des anderen kennen und schätzen lernt und auf Dauer für unser aller Überleben braucht.

## Unterrichtliche Arbeit

Das angebotene Material gliedert sich in drei Teile:

a) Mission – Leben in einer Welt
b) Mission – Hoffnung für die eine Welt
c) Mission – Verkündigung der Frohen Botschaft in der einen Welt

- Der/die Lehrer/in sollte sich eine Bildersammlung von Kindern dieser Welt anlegen, in der die Verschiedenartigkeit der Hautfarbe, der Lebensbedingungen, der Kultur ersichtlich wird. Diese Bilder sollen deutlich machen, dass Leben an jeder Stelle der Erde lebenswert sein kann. Es darf keinesfalls der Eindruck entstehen, dass nur europäische Kinder lachen und spielen können, dunkelhäutige Kinder in jedem Fall nur dahinvegetieren müssen. Die Hilfswerke bieten eine Fülle von gutem Material in diesem Sinne an:
  Päpstliches Hilfswerk der Kinder, Stephanstraße 35, 52064 Aachen
  Bischöfliches Hilfswerk Misereor, Mozartstraße 9, 52064 Aachen
  Brot für die Welt, Postfach 10 11 42, 70010 Stuttgart
  Missio – Internationales Katholisches Missionswerk, Goethestraße 43, 52064 Aachen

**a) Mission – Leben in einer Welt**

- Die Auseinandersetzung mit dem *Gedicht „Kinder“* (S. 95) bringt den Kindern die Gedanken nahe: „Wir leben in einer Welt“ und haben viele Gemeinsamkeiten, die uns eng verbinden.
- Das Gedicht lässt sich mit einfachen Mitteln spielerisch gestalten.
- Das *Arbeitsblatt 18.1* bietet eine Möglichkeit, diese Gedanken bildnerisch auszudrücken. Der Kinderfries lässt sich im Faltschnitt ausschneiden und wie ein Band über die Erdkugel kleben.

- Durch Vergrößern des *Arbeitsblattes 18.1* kann eine eindrucksvolle Gemeinschaftsarbeit von der Klasse gestaltet werden. Der Kinderfries ist durch Aneinandersetzen beliebig zu verlängern.
- Das *Lied mit Spielvorschlag „Viele kleine Leute“* (S. 95) bietet eine weitere Möglichkeit, das Thema zu vertiefen.

**b) Mission – Hoffnung für die eine Welt**

Die kleine *Geschichte „Hier wohnen Christen“* (S. 95) liest sich wie eine Kurzformel glaubwürdigen christlichen Handelns. Das Kreuz wird zum Hoffnungszeichen. In diesem Zeichen ist Vergebung, Toleranz, Hilfe und Gemeinschaft möglich. Dieses Zeichen kann Grenzen sprengen. Von Jesus gesetzt, möchte es zum Heil und zur Hoffnung der Welt werden. Es liegt an uns, diese Botschaft glaubwürdig und konsequent zu leben. Leider ist die Geschichte des Christentums voll von Missverständnissen und Missbrauch dieses Zeichens. Andererseits geschahen und geschehen im Zeichen des Kreuzes unendlich viele Taten der Liebe und Hoffnung. Das Kreuz ist stark genug, die Schwächen der Menschen zu überwinden. Jesus Christus lebt. Er hat das Kreuz in seiner Auferstehung zum Siegeszeichen gemacht.

Das *Arbeitsblatt 18.2* ist als Ausschneideblatt konzipiert. Es dient der Verdeutlichung der wichtigsten Aussage der Erzählung „Hier wohnen Christen“. Die Kinder haben die Möglichkeit, die Aussage der Geschichte „Das Kreuz ist ein Hoffnungszeichen für die Welt“ verschiedenartig zu gestalten. Dabei können die Kinder alle Elemente oder nur eine Auswahl verwenden. Der Regenbogen als Zeichen der unverbrüchlichen Treue Gottes zu den Menschen (Gen 9,12–17) könnte in diesem Zusammenhang ebenfalls gut thematisiert werden, zumal er heute als Friedenszeichen und Bild einer gesunden Umwelt und Natur überall auftaucht. Es wäre sehr sinnvoll den Ursprung seiner Aussage kennen zu lernen.

Folgende Bildgestaltungen sind u. a. möglich:

**c) Mission – Verkündigung der Frohen Botschaft in der einen Welt**

- Die Betrachtung des Briefes *„Liebe Eltern“* eines leprakranken Jungen aus Afrika (S. 95 f.) kann das ganze Spektrum christlicher Missionsarbeit zur Sprache bringen. Zum Ersten schildert er eindrucksvoll das Bedingungsfeld, in dem Missionare arbeiten: das Leid, die Ohnmacht, die Unwissenheit, die Hilflosigkeit kranker Menschen und seiner Umgebung (Zeilen 10–13 der Geschichte), die Erfahrung der Missachtung: Wer krank ist, ist einen „Dreck“ wert (Zeilen 33–36), die Erkenntnis, dass der aufrechte Gang den Menschen auszeichnet (Zeilen 9, 25–26 und 40–42), das Misstrauen, das der Arbeit der christlichen Helfer entgegenschlägt (Zeilen 19–24).
Weiterhin entfaltet der Brief schrittweise, welche Arbeit die christlichen Missionare leisten, wie sie langsam das Vertrauen der Kranken gewinnen und ihnen die Erfahrung der Menschenwürde und Selbstachtung schenken (Zeilen 30–50). Das Ende des Briefes offenbart die Motivation des Arztes und der Schwestern (Zeilen 56–58). Der Brief ermöglicht die Erkenntnis,
- dass in der christlichen Mission „reden und handeln“, „Wort und Tat“ wie im Leben Jesu übereinstimmen müssen,

– dass der christliche Gott ein Gott der Liebe ist,
– dass der, der diese Liebe empfangen hat, sie weiterschenken kann und muss (Zeilen 50–51 und 62–63).
  Abschluss der Betrachtung des Briefes sollte die Deutung der drei Bildworte sein:
  Zeile 28 – das Haus mit dem Namen „Morgenstern“
  Zeile 32 – eine Stadt voll Hoffnung
  Zeile 60 – nur ein mächtiger Baum kann Schatten geben.
  In diesen drei Worten ist die Tiefe der christlichen Botschaft ausgedrückt.

Das *Arbeitsblatt 18.3* leitet die Kinder an, den Missionsauftrag Jesu in der Bibel zu lesen, aufzuschreiben und zu bedenken. Er kann auf dem Hintergrund des Briefes gedeutet und folgende Begriffe könnten u. a. erarbeitet werden:
Missionare helfen, heilen, trösten, bringen Licht, lehren, schenken Hoffnung, lieben, predigen, beten, teilen . . .
Das kleine Ausmalbild zeigt die Kraftquellen, aus denen Christen leben und handeln. (Bibel und Herz)

**Kinder**

Wir Kinder
mit der weißen Haut
sind nicht die einzigen Kinder auf der Erde

Wir Kinder
mit der schwarzen Haut
sind nicht die einzigen Kinder auf der Erde

Wir Kinder
mit der gelben Haut
sind nicht die einzigen Kinder auf der Erde

Wir Kinder
mit der roten Haut
sind nicht die einzigen Kinder auf der Erde

Wir sind alle gleich

Wenn Kinder mit roter Hautfarbe
und Kinder mit schwarzer Hautfarbe
und Kinder mit weißer Hautfarbe
und Kinder mit gelber Hautfarbe
zusammen spielen
dann streiten sie sich schon mal
um einen Ball eine Puppe oder wer Erster ist
aber wir Kinder vertragen uns immer wieder

Wir Kinder
mit gelber roter weißer und schwarzer Hautfarbe
Auch wenn wir uns einmal streiten
wir vertragen uns immer wieder

Wir die Kinder auf der ganzen Welt

*Rainer Schnurre*

*Aus: Helmut Zöpfl (Hrsg.): Die schönsten Kindergedichte, Verlag Ludwig, Pfaffenhofen*

**Viele kleine Leute**

*Spielvorschlag*
Als Kehrvers gesungen:
Zu 1: Jeder zeigt auf sich.
Zu 2: Jeder zeigt auf mögliche Orte um sich herum.
Zu 3: Alle fassen sich an und gehen mit kleinen Schritten nach vorne.
Zu 4: Alle klatschen in die Hände und formen eine Sonne. Gleichzeitig gehen alle wieder zurück. (Auch als Kreisspiel möglich.)

Als Kanon gesungen:
Die beschriebenen Bewegungen können in vier Kreisen dargestellt werden.

*Text: afrikanisches Sprichwort. Musik: Detlev Jöcker, aus Liedheft und MC: Deine Welt ist meine Welt*


**Hier wohnen Christen**

In einem islamischen Dorf wurde eine kleine Gruppe christlich. Sie wurden sofort aus der Gemeinde ausgeschlossen. Die Männer durften nicht mehr in der Runde sitzen und die Wasserpfeife rauchen, die Frauen durften am Dorfbrunnen kein Wasser mehr holen.
Die neuen Christen gruben sich daraufhin selber einen Brunnen.
Nach einiger Zeit versiegte der Dorfbrunnen. Nun luden die Christen ihre ehemaligen Glaubensbrüder ein, an ihrem Brunnen Wasser zu holen. – An ihren Häusern brachten sie kleine Schilder in Form von Kreuzen an, auf denen zu lesen war: „Hier wohnen Christen . . .“
Jeder sollte wissen, dass er in einem christlichen Haus Hilfe finden kann.

*Aus: Willi Hoffsümmer: Kurzgeschichten 2*

**Liebe Eltern,**

mein Freund Dumisa, der Sohn unseres Nachbarn Npundeo, wird heute heimkehren. Meine Gedanken reisen mit ihm in unser Dorf, in unsere Hütte, zu euch und meinen Geschwistern. Dumisa wird euch meinen Brief bringen und ihn vorlesen. Ihr werdet meinen Freund kaum

wiedererkennen. Schaut ihn an und ihr wisst, wie es eurem glücklichen Sohn Makunga hier in Glen Avent ergeht.
Dumisa wird aufrecht in eure Hütte treten. Er muss nicht länger wie ein Hund am Boden kriechen und die Fußtritte seiner übermütigen Brüder erdulden. Der Doktor und die guten Schwestern haben ihm geholfen. Die Tam-tams haben nicht gelogen.
Dumisa hat neue Beine bekommen, kunstvolle Beine, kostbare Beine. Dumisa kann gehen. Er kann lesen und schreiben. Und er kann arbeiten, er kann Schalen, Töpfe und Krüge aus Ton formen. Ihr werdet staunen und euch freuen.
Sagt es allen im Dorf. Sie sollen Dumisa betrachten. Mutter soll es den Frauen am Brunnen sagen und Vater den Männern beim Palaver. Dumisa ist kein Fluch der bösen Geister. Dumisa wird seiner Familie und dem ganzen Stamm nützlich sein. Sagt es allen im Dorf, besonders den weisen Alten.
Ebenso wie Dumisa wird euer Sohn Makunga heimkehren und aufrecht gehen, wenn die Zeit da ist. Ihr habt klug gehandelt, als ihr mich in das Haus Ikwezi Lokusa gebracht habt, das Haus mit dem Namen des Morgensterns.
Zuerst lebte ich wie in einer fremden Stadt, denn die Menschen hier sprechen eine fremde Sprache. Aber es ist eine gute Stadt, eine Stadt voll Hoffnung und Liebe. Niemand hat gelacht, wenn ich über die Erde kroch und meine lahmen Beine durch den Staub schleppte. Niemand hat sich von mir abgewandt, niemand hat mich getreten oder zurückgestoßen.
Sie haben mich gepflegt, mir gute Speisen gegeben und ein sauberes Bett. Sie haben mich gelehrt, in einem großen Becken voll klarem Wasser zu schwimmen und meine Beine zu stärken. Sie haben mir Schuhe aus Leder und Schienen aus Stahl gemacht, damit ich wie ein Mensch gehen kann. Sie haben mich in die Schule geschickt und ich lernte ihre Sprache.
Noch ehe der Mond zum zweiten Mal voll war, verstand ich nicht nur ihre guten Werke, sondern auch ihre guten Worte.
Bald werde ich auch heimkehren. Dann habe ich gelernt, aus Leder und Holz Dinge zu machen, die Mutter auf den Markt bringen kann. Ich werde euch Ehre machen, weil ich nicht nur meine eigene Essschale, sondern auch die meiner kleinen Geschwister füllen kann.
Liebe Eltern, Dumisa und ich haben hier von einem neuen Gott erfahren. Es ist ein Gott, der alle seine Kinder liebt, die weißen und die schwarzen, die gesunden und die kranken. An diesen Gott glauben die guten Schwestern und der Doktor. Und in seinem Namen haben sie Dumisa und mir geholfen.
Muss es dann nicht ein guter, mächtiger Gott sein?
Fragt unsere Alten. Sagen sie nicht, dass nur ein mächtiger Baum einen großen Schatten geben kann?
Wenn ich heimkehre, werde ich euch von ihm erzählen.
Meine guten Wünsche für euch begleiten Dumisa auf seiner Reise und bald werde ich selbst meinen Wünschen folgen.

*Euer treuer Sohn Makunga*

*Renate Günzel-Horatz*

*Aus: Kindermissionswerk Schule und Mission M 1984/85*

**Lösung**

**Mission – Verkündigung in der einen Welt**

Menschen wurden von Jesus gesandt die Frohe Botschaft zu verkünden (Mt 28,19):

*Geht zu allen Völkern und macht alle Menschen zu meinen Jüngern; tauft sie im Namen des Vaters und des Sohnes und des Heiligen Geistes und lehrt sie alles zu befolgen, was ich euch geboten habe.*

Diese Frohe Botschaft wird auf vielfältige Weise von Priestern und Laien verkündet:

*Sie helfen, heilen, trösten, lehren, schenken Hoffnung, beten, teilen*

Die Frohe Botschaft lebt aus

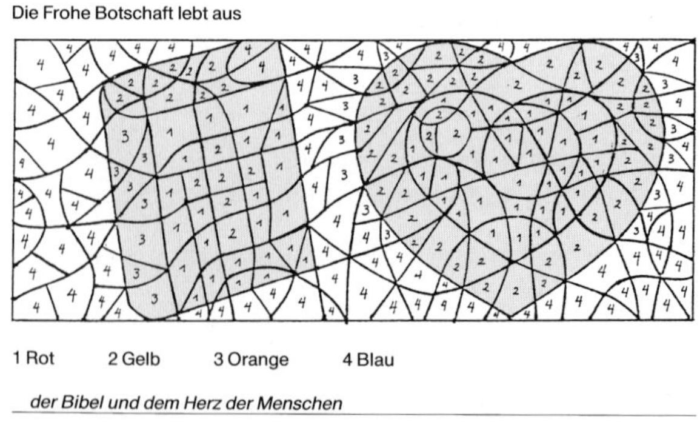

1 Rot 2 Gelb 3 Orange 4 Blau

*der Bibel und dem Herz der Menschen*

AB 18.3

- - - - - - - - falten
——— schneiden

## Mission – Verkündigung in der einen Welt

Menschen wurden von Jesus gesandt die Frohe Botschaft zu verkünden (Mt 28,19):

Diese Frohe Botschaft wird auf vielfältige Weise von Priestern und Laien verkündet:

Die Frohe Botschaft lebt aus

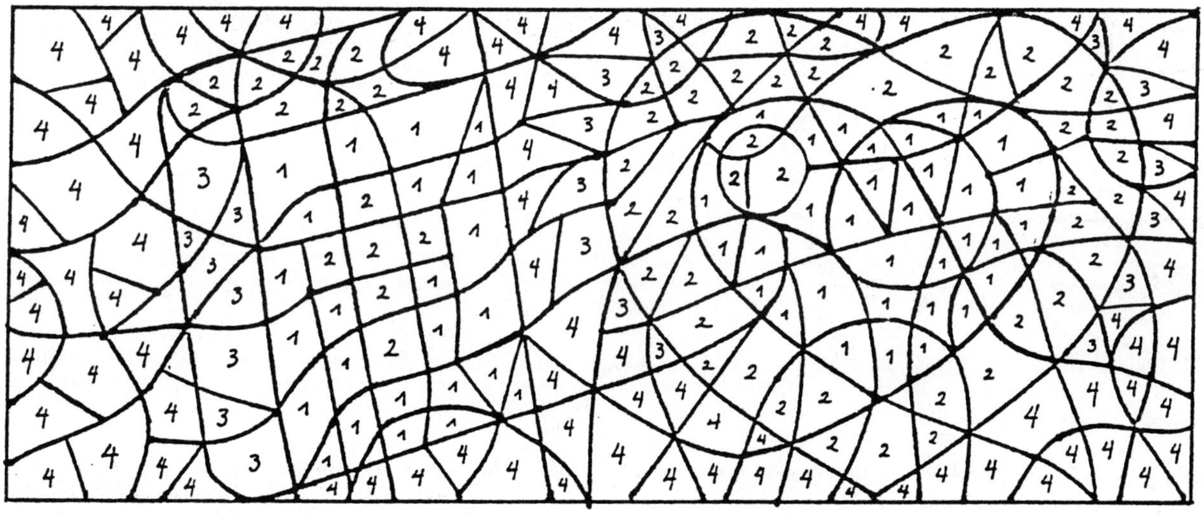

1 Rot 2 Gelb 3 Orange 4 Blau

# 19 Allerheiligen – Allerseelen

## Gemeinschaft der Lebenden und der Toten

Das Fest Allerheiligen wird schon seit dem 9. Jahrhundert in der Kirche gefeiert. „Heilige sind Menschen, durch die Licht hindurchfällt. Göttliches Licht. Früher schon, als sie noch auf Erden lebten. Sie lebten so, dass sie heute noch ein Vorbild für uns sind.“ (Jo Hermans: Die Eucharistiefeier im Zeugnis der Heiligen, Kevelaer 1988) Aber nicht nur wegen des guten Beispiels gedenken wir der Heiligen, sondern unsere Gemeinschaft mit den Heiligen verbindet uns mit Jesus Christus.
Viele Heilige haben ihr Fest im Verlauf des Jahres. Aber es gibt auch viele Heilige, deren Namen wir nicht kennen. Am Fest Allerheiligen feiern und freuen sich die Christen, dass auch sie bei Gott sind. Am Tag nach Allerheiligen – am Allerseelentag – gedenken die Christen ihrer Toten. Das Fest geht auf den Abt Odilo von Cluny (994–1048) zurück, der für alle Klöster bestimmte, dass „am Tag nach dem Allerheiligenfest das Gedächtnis aller Gläubigen durch Messen, Psalmen und Almosen allgemein gefeiert werde“. (Hermann Kirchhoff, Christliches Brauchtum im Jahreskreis, München 1990)
Die Christen besuchen am Allerheiligen- und Allerseelentag die Gräber der verstorbenen Angehörigen und Freunde und beten für sie. Sie denken daran, dass auch sie einmal sterben müssen. Christen haben aber eine Hoffnung: Gott hat Jesus vom Tod zum Leben erweckt. Er wird auch die Menschen, die an ihn glauben, zu neuem Leben auferstehen lassen. Diese Hoffnung drücken sie in vielen Zeichen auf den Gräbern aus. Lichter und Blumenschmuck sind Zeichen für Leben. Auf den Grabsteinen stehen auch viele Zeichen für den Glauben an Jesus Christus und die Auferstehung der Toten zu neuem Leben: Kreuz – Christuszeichen – Alpha und Omega – Kranz – Ähre – Hand – Weinstock und Traube – ...

## Unterrichtliche Arbeit

### a) Allerheiligen

- Folie von den Heiligen auf dem *Arbeitsblatt 19.1* herstellen (evtl. vergrößern).
- Die einzelnen Heiligen den Kindern zeigen. Beigaben entdecken und das Vorwissen über die Heiligen zusammentragen.
  St. Nikolaus – Bibel und drei Äpfel (Kugeln)
  St. Barbara – Zweig und Turm
  St. Petrus – Schlüssel
  St. Elisabeth – Korb mit Rosen
  St. Georg – Drachen
- Zur Vertiefung und Erweiterung des Vorwissens evtl. die *Legenden* erzählen (S. 14ff und S. 100f) und eine Verbindung zu den Attributen der dargestellten Heiligen herstellen.
- *Arbeitsblatt 19.1* beschriften mit den Namen der Heiligen. Ihre Namenstage im Kalender suchen und unter die Namen schreiben.
- Rätsel lösen (Gottesliebe – Nächstenliebe).

### b) Allerseelen

- Empfehlenswert ist es, mit den Kindern zu dieser Zeit einen Friedhof zu besuchen und die Grabsteine zu betrachten.
  Hierbei werden die Kinder die Vielfalt der christlichen Hoffnungszeichen entdecken.
  Der Arbeitsauftrag kann lauten: Suche auf den Gräbern Zeichen, die dir sagen, dass die Menschen an ein neues Leben nach dem Tod glauben. Male diese Zeichen ab.
- Das *Arbeitsblatt 19.2* ermöglicht, im Anschluss an den Friedhofsbesuch die gefundenen Hoffnungszeichen wiederzuentdecken, zu ergänzen und ihre Bedeutung zu bedenken. Abschließend können die Kinder den Grabstein im Vordergrund gestalten und das Grab schmücken.
- Das *Arbeitsblatt 19.3* soll deutlich machen, dass der Glaube an die Auferstehung in der Verkündigung der Bibel seinen Ursprung hat. An vier vorgegebenen Schriftstellen soll dies besonders verdeutlicht werden. Sollten die Kinder mit dem Umgang des NT vertraut sein, könnten sie folgende Schriftstellen nachschlagen und verschiedenen Zeichen zuordnen: Joh 8,12, Joh 10,14, Off 19,9.
- In die Rahmen neben den Schriftstellen *auf Arbeitsblatt 19.3* können die Kinder die entsprechenden Zeichen malen.

### Legenden und Texte zu den Heiligen

Sankt Elisabeth – Namenstag 19. November (S. 15)
Sankt Petrus – Namenstag 29. Juni (S. 74)
Sankt Nikolaus – Namenstag 6. Dezember (S. 16 und S. 100 f)
Sankt Barbara – Namenstag 4. Dezember (S. 101)
Sankt Georg – Namenstag 23. April (S. 101)

### Drei goldene Äpfel

In Myra lebte ein Mann mit drei Töchtern. Weil der Mann sehr arm war, musste er sich immer wieder Geld leihen, um das Allernotwendigste kaufen zu können. Als er das geliehene Geld nicht zurückzahlen konnte, drohten ihm die Leute, ihn zu verklagen und ins Gefängnis zu bringen. In seiner Not beschloss der Mann, seine älteste Tochter, die sehr schön war, an einen reichen Mann zu verkaufen, um mit dem Geld seine Schulden zu bezahlen. Das Mädchen und

seine beiden Schwestern weinten bitterlich und flehten Gott um Hilfe an.
Von der Armut des Mannes und der Not der Mädchen hörte Nikolaus. Er nahm drei Lederbeutel und legte in jeden einen goldenen Apfel. In der Nacht, als alles in der Stadt schlief, schlich er heimlich zur Wohnung des armen Mannes. Vorsichtig stieß er das Fenster auf und legte die drei Beutel auf die Fensterbank. Am nächsten Morgen fanden die drei Mädchen das Gold. Sie waren überglücklich, denn jetzt konnte ihr Vater seine Schulden bezahlen und brauchte nicht ins Gefängnis. Es blieb noch genug Gold übrig, um für jedes Mädchen ein Heiratsgut zu kaufen. Schon bald lernten sie junge Männer kennen und es konnte Hochzeit gefeiert werden. Dank der Hilfe des heiligen Nikolaus hatte alle Not ein Ende.

*Neu erzählt von Hedwig Landwehr*

## Sankt Barbara

Barbara war die Tochter eines wohlhabenden, mächtigen Herren. Sie war wunderschön und der Vater liebte sie über alles. Er erfüllte ihr jeden Wunsch, nur eines konnte er nicht ertragen: Er, der die Christen über alles hasste, merkte, dass seine Tochter ein heimliches Interesse für diese Menschen hatte. Er beschloss Barbara von den Christen fernzuhalten. Er ließ bei seinem Haus einen Turm bauen, in den er das Mädchen einsperrte, wenn er auf Geschäftsreisen war. „Niemand soll dir etwas antun können, wenn ich nicht zu Hause bin", sagte er. „Zwei Fenster habe ich oben in den Turm schlagen lassen. Von dort aus kannst du das weite Meer sehen und auf meine Rückkehr warten."
Als der Vater wieder heimkam, sah er schon von weitem eine Veränderung. Der Turm hatte nicht nur zwei, sondern drei Fenster. Sogleich ließ er Barbara kommen und fragte sie, was das zu bedeuten habe. Sie antwortete ihrem Vater: „Als du auf Reisen warst, habe ich mich heimlich taufen lassen. Ich bin getauft im Namen des Vaters, des Sohnes und des Heiligen Geistes. Die drei Fenster im Turm erinnern mich an Gott den Vater, den Sohn und den Heiligen Geist. In die Wand meines Zimmers ritzte ich ein Kreuz ein." Da wurde der Vater so zornig, dass er seine Tochter packte und vor den römischen Statthalter schleppte. Barbara war erst 14 Jahre alt und der Richter wollte ihr nichts tun. Da ergriff der Vater selbst das Schwert um sein Kind zu töten.

*Neu erzählt von Hedwig Landwehr*

## Sankt Georg

Vor vielen hundert Jahren hat sich in Kleinasien eine ungeheure Geschichte zugetragen. Eine Stadt wurde von einem wilden Drachen bedroht und beherrscht, der in einem tiefen See hauste. Jeden Tag mussten ihm zwei Schafe zur Besänftigung vorgeworfen werden. Als alle Schafe dahin waren, forderte der Drachen Menschenopfer. Es wurde gelost, wer als erster dem Untier geopfert werden sollte. Das Los fiel auf die Tochter des Königs. Mit lautem Weinen brachte man das schöne Mädchen vor die Stadt und wartete mit Schmerzen auf die Nacht, in der der Drache sie verschlingen würde. Da näherte sich der Ritter Georg auf seinem weißen Pferd. Er sah das schöne, weinende Mädchen und fragte, ob er ihr helfen könnte. Sie aber schluchzte nur: „Guter Ritter, reite so schnell weg, wie du kannst. Der Drache kommt und wird uns beide verschlingen." Kaum hatte sie so gesprochen, da rauschte es im Abgrund des Sees und schwarz und feurig stieg der Drache an Land. Georg ergriff seine Lanze und rief mit lauter Stimme: „Im Namen meines Herrn und Herrschers Jesus Christus werde ich dich besiegen", und er rannte mutig gegen den Drachen an. Die Lanze bohrte sich in den Leib des Untiers. Das Ungeheuer sank zusammen und Georg schlug ihm den Kopf ab.
Alles Volk staunte und fragte: „Woher nimmst du den Mut? Woher hast du diese Kraft?" Da antwortete Georg: „Im Namen meines Herrn Jesus Christus kann ich alles." Da fragten sie ihn: „Was müssen wir tun, wenn wir zu diesem Herrn gehören wollen?" Georg antwortete: „Glaubt an seine frohe Botschaft und lasst euch taufen." Da nahmen alle den Glauben an und ließen sich taufen.

*Neu erzählt von Hedwig Landwehr*

## Allerheiligen

Heilige sind auf vielen Bildern dargestellt und als Figuren in den Kirchen zu sehen. Man erkennt sie an Beigaben (Attributen), die auf etwas Wichtiges in ihrem Leben hinweisen.

*St. Nikolaus*

*6. 12.*

*St. Barbara*

*4. 12.*

*St. Petrus*

*29. 6.*

*St. Elisabeth*

*19. 11.*

*St. Georg*

*23. 4.*

Schreibe unter jedes Bild den Namen des/der Heiligen und das Datum des Namenstages.

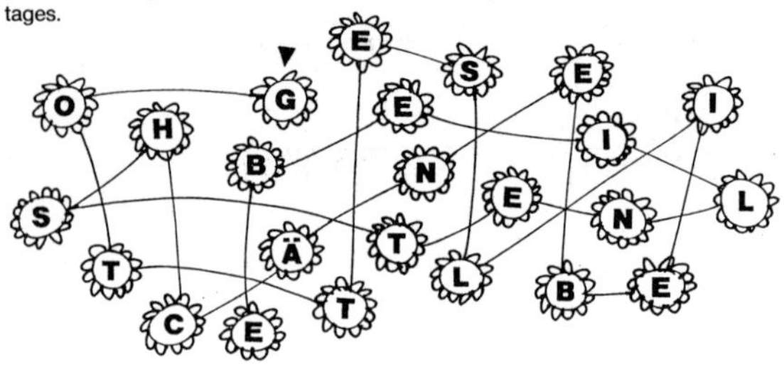

Wenn du die Buchstaben des Rätsels in der richtigen Reihenfolge farbig verbindest, erhältst du zwei Wörter. Sie sagen dir, was das Leben unserer Heiligen bestimmte.

*Gottesliebe* *Nächstenliebe*

AB 19.1

## Allerheiligen

Heilige sind auf vielen Bildern dargestellt und als Figuren in den Kirchen zu sehen. Man erkennt sie an Beigaben (Attributen), die auf etwas Wichtiges in ihrem Leben hinweisen.

Schreibe unter jedes Bild den Namen des/der Heiligen und das Datum des Namenstages.

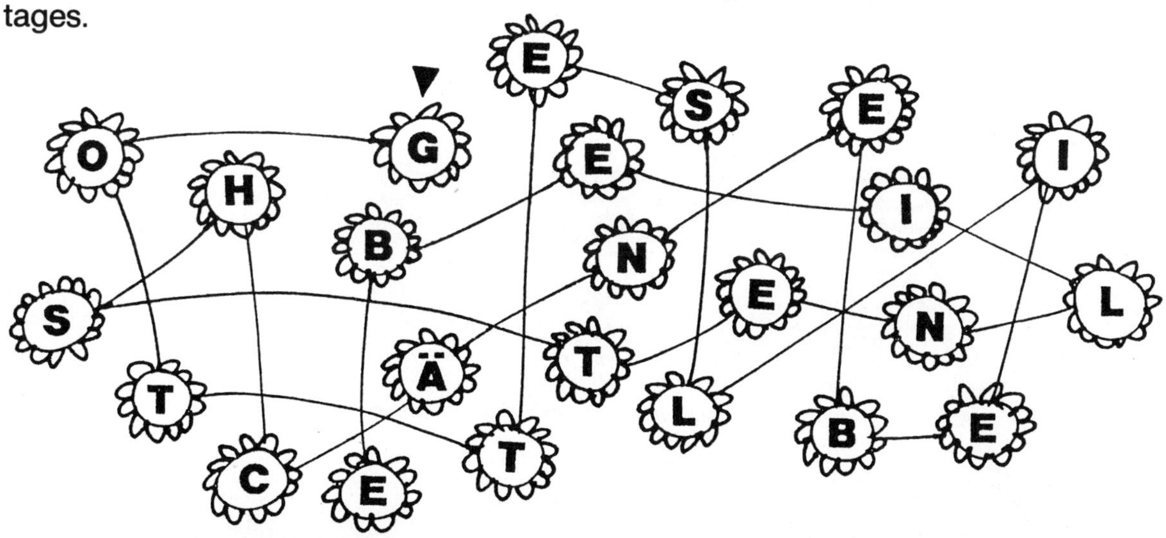


Wenn du die Buchstaben des Rätsels in der richtigen Reihenfolge farbig verbindest, erhältst du zwei Wörter. Sie sagen dir, was das Leben unserer Heiligen bestimmte.

# Allerheiligen – Allerseelen

# Allerheiligen – Allerseelen

Aus Liebe zu uns hat er erduldet das Kreuz,
durch den Tod vernichtet er den Tod.

(Byzantinische Liturgie)

Die Rechte des Herrn wirkt mit Macht!
Ich werde nicht sterben, sondern leben.

(Ps 118,16f)

Sei treu bis in den Tod; dann werde ich
dir den Kranz des Lebens geben.

(Offb 2,10)

Ich bin das Alpha und das Omega, der Erste
und der Letzte, der Anfang und das Ende.

(Offb 22,13)

# 20 Christkönigssonntag

## Er wird wiederkommen in Herrlichkeit

Aus Anlass der 1600-Jahr-Feier des Konzils von Nizäa (325) führte Papst Pius XI. 1925 das Christkönigsfest ein. Seit der Liturgiereform wird es am letzten Sonntag des Kirchenjahres gefeiert. Im Königtum Christi bündeln sich wie in einem Brennglas die Strahlen der Glaubensgeheimnisse, die das ganze Kirchenjahr über gefeiert und entfaltet wurden. Jesus, von Gott zu den Menschen gesandt, offenbarte die Liebe des Vaters unter den Menschen bis zum Tod am Kreuz und wurde von Gott zur Rechten des Vaters erhöht. Er wird wiederkommen zu richten die Lebenden und die Toten. Mit diesen Gedanken schlägt der Christkönigssonntag die Brücke zum bevorstehenden Advent, der von einer „Vielschichtigkeit der Inhalte“ bestimmt ist. In der ursprünglichen Bedeutung des Wortes – adventus – wird das Geheimnis des Königtums Christi deutlich: Das lateinische Wort – adventus (= Ankunft) kann die gleiche Bedeutungsfülle wie das griechische – epiphaneia – (= Erscheinung) an sich ziehen: Es wurde gebraucht von der Ankunft der Gottheit im Tempel, vom ersten offiziellen Besuch eines Herrschers nach Antritt seiner Herrschaft, von der Thronbesteigung eines Kaisers. Christen verwendeten das Wort sowohl zur Bezeichnung der Ankunft Christi unter den Menschen (also für seine „Erscheinung im Fleisch“) als auch zur Bezeichnung seiner erhofften Wiederkunft (griechisch: parousia).

## Unterrichtliche Arbeit

Schwerpunkt der unterrichtlichen Arbeit soll die Begegnung mit dem wiederkommenden Christus als Herrscher und Richter sein. Es ist sinnvoll, in die Thematik mit einer Bildbetrachtung einzusteigen, die Christus in der Mandorla als König und Richter zeigt. Die Kunst des Mittelalters bietet eine Fülle solcher Darstellungen an. Sollte kein solches Bild aus der mittelalterlichen Kunst vorhanden sein, lässt sich zur Not eine Folie vom *Arbeitsblatt 20.1* herstellen.

Diesen Darstellungen gemeinsam ist im Allgemeinen:

Jesus Christus sitzt auf einem Thronsessel, manchmal auf einer Erdkugel. In seiner linken Hand hält er eine Bibel, seine rechte Hand ist zum Segen erhoben (Segensgestus). Sein Haupt ist geschmückt vom Kreuznimbus. Die Gestalt des Herrn ist von der Mandorla umgeben.
Mit den Kindern sind die genannten Bildelemente zu entdecken und zu deuten.

- thronende Haltung: wie ein König, ein Herrscher, ein Richter, wie einer, der Macht hat.
- Kreuznimbus: Das Kreuz erinnert an Jesu Tod und seine Auferstehung. Es bedeutet Macht über das Unheil. Es ist das Siegeszeichen über den Tod.
- Segensgestus: Er will allen etwas sagen, denn er weiß, dass er die Wahrheit spricht und ist (Schwurhand). Seine Hand ist zum Segen erhoben. Sie verkündet denen Heil und segen, die zu seinem Königreich gehören.
- Bibel: Die Bibel verkündet das Gesetz seines Königreiches. Es ist das Gesetz der Liebe. Alpha und Omega auf der Bibel beziehen sich auf die Bibelstelle „Ich bin das Alpha und das Omega, der Erste und der Letzte, der Anfang und das Ende“ (Off 22,13).
- Mandorla: mandelförmiger Heiligenschein, nur bei Christus- und Mariendarstellungen vorkommend.

Zur Vertiefung kann das *Arbeitsblatt 20.2* farbig gestaltet werden. Der Satz aus Offb 22,13 kann notiert werden. In einem nächsten Schritt steht die Begegnung mit dem Bibeltext Mt 25,31–46 „Jesus verkündet das Weltgericht“ – *Arbeitsblatt 21.2* (Text aus der Grundschulbibel, S. 184) im Mittelpunkt.
Dieser Text stellt das Gesetz vor, nach dem Jesus Christus die Menschen richten wird. Es ist das Gesetz der Liebe, das er selbst in seinem Leben bis zum Tod am Kreuz gelebt hat. Zu ihm gehören heißt, nach diesem Gesetz der Liebe leben. Die Auseinandersetzung mit dem Bibeltext auf *Arbeitsblatt 20.2* leitet die Kinder an, dieses Gesetz im Text zu entdecken und zu markieren. Bei der Umformung in Aufforderungen zum Handeln bedarf es der Hilfe des/r Lehrers/in.
Auf dem *Arbeitsblatt 20.3* werden die auf *Arbeitsblatt 20.2* gefundenen Handlungsaufforderungen den entsprechenden Bildern zugeordnet. Durch die Zuordnung der alltäglichen Situationen zur Gestalt des herrschenden und richtenden Christus wird die Erkenntnis vertieft, dass sich christlicher Glaube im alltäglichen Leben bewähren muss.

**Lösung**

Aus dem Evangelium des Matthäus (Mt 25,31–46):

## Jesus verkündet das Weltgericht

Jesus sprach: „Wenn der Menschensohn in seiner Herrlichkeit kommt und alle Engel mit ihm, dann wird er sich auf den Thron seiner Herrlichkeit setzen. Und alle Völker werden vor ihm versammelt und er wird sie voneinander scheiden, wie der Hirt die Schafe von den Böcken scheidet. Er wird die Schafe auf seine rechte Seite, die Böcke aber auf seine linke Seite stellen. Dann wird der König zu denen an seiner rechten Seite sagen: Kommt her, die ihr von meinem Vater gesegnet seid, nehmt das Reich in Besitz, das seit Erschaffung der Welt für euch bestimmt ist! Denn ich war hungrig und ihr habt mir zu essen gegeben; ich war durstig und ihr habt mir zu trinken gegeben; ich war obdachlos und ihr habt mich aufgenommen; ich war nackt und ihr habt mich bekleidet; ich war krank und ihr habt mich besucht; ich war im Gefängnis und ihr seid zu mir gekommen. Dann werden die Gerechten antworten: Herr, wann haben wir dich hungrig gesehen und dir zu essen gegeben oder durstig und dir zu trinken gegeben? Und wann haben wir dich obdachlos gesehen und dich aufgenommen oder nackt und dich bekleidet? Und wann haben wir dich krank oder im Gefängnis gesehen und sind zu dir gekommen? Darauf wird der König ihnen antworten: Amen, ich sage euch: Was ihr für einen meiner geringsten Brüder getan habt, das habt ihr mir getan.

Jesus Christus nennt sechs Begründungen, warum die Menschen zu seiner Rechten in sein Reich eingehen dürfen.

1. Unterstreiche diese sechs Begründungen im Text.
2. Du kannst diese sechs Begründungen in Aufforderungen umformen. Du weißt nun, wie Christen leben sollen.

1. Hungrige speisen!
2. *Durstigen zu trinken geben!*
3. *Obdachlose aufnehmen!*
4. *Nackte kleiden!*
5. *Kranke besuchen!*
6. *Gefangene nicht im Stich lassen!*

Andere Formulierungen sind möglich.

AB 20.2

## Christkönig

Aus dem Evangelium des Matthäus (Mt 25,31–46):

## Jesus verkündet das Weltgericht

Jesus sprach: „Wenn der Menschensohn in seiner Herrlichkeit kommt und alle Engel mit ihm, dann wird er sich auf den Thron seiner Herrlichkeit setzen. Und alle Völker werden vor ihm versammelt und er wird sie voneinander scheiden, wie der Hirt die Schafe von den Böcken scheidet. Er wird die Schafe auf seine rechte Seite, die Böcke aber auf seine linke Seite stellen.

Dann wird der König zu denen an seiner rechten Seite sagen: Kommt her, die ihr von meinem Vater gesegnet seid, nehmt das Reich in Besitz, das seit Erschaffung der Welt für euch bestimmt ist! Denn ich war hungrig und ihr habt mir zu essen gegeben; ich war durstig und ihr habt mir zu trinken gegeben; ich war obdachlos und ihr habt mich aufgenommen; ich war nackt und ihr habt mich bekleidet; ich war krank und ihr habt mich besucht; ich war im Gefängnis und ihr seid zu mir gekommen.

Dann werden die Gerechten antworten: Herr, wann haben wir dich hungrig gesehen und dir zu essen gegeben, oder durstig und dir zu trinken gegeben? Und wann haben wir dich obdachlos gesehen und dich aufgenommen oder nackt und dich bekleidet? Und wann haben wir dich krank oder im Gefängnis gesehen und sind zu dir gekommen? Darauf wird der König ihnen antworten: Amen, ich sage euch: Was ihr für einen meiner geringsten Brüder getan habt, das habt ihr mir getan.

Jesus Christus nennt sechs Begründungen, warum die Menschen zu seiner Rechten in sein Reich eingehen dürfen.

1. Unterstreiche diese sechs Begründungen im Text.
2. Du kannst diese sechs Begründungen in Aufforderungen umformen. Du weißt nun, wie Christen leben sollen.

   1. Hungrige speisen!
   2. ______________________________
   3. ______________________________
   4. ______________________________
   5. ______________________________
   6. ______________________________

Jesus Christus sitzt zur Rechten Gottes, des allmächtigen Vaters; von dort wird er kommen zu richten die Lebenden und die Toten.

Dies ist mein Gesetz:

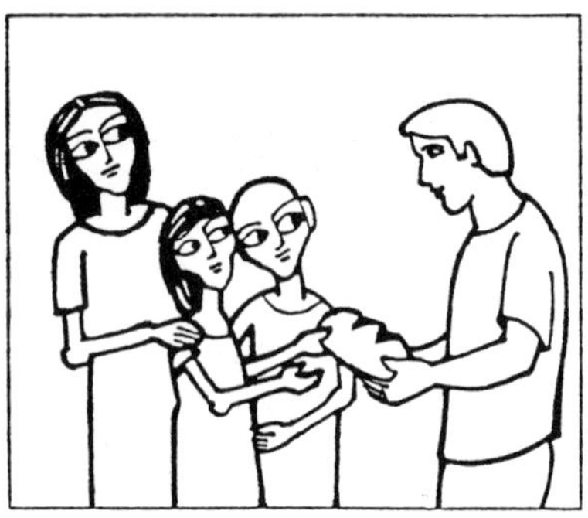

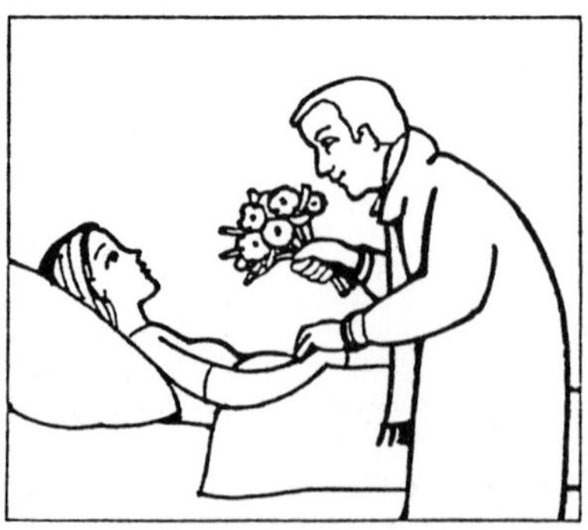

# 21 Das ganze Jahr – Tag für Tag

Kinder leben, je jünger sie sind, ganz im Augenblick, sie leben von Tag zu Tag. Um Orientierung im Grau der Zeit zu finden, bedarf es für sie der klaren Rhythmisierung und des Erfahrens zyklischer Rhythmen. Dies wird in unserer schnelllebigen Zeit für Kinder immer schwieriger.
Schon zeichnet sich eine Bedrohung des ursprünglichen Zeit-Erlebens und der menschlichen Zeit-Gestaltung ab: Kosmische und traditionell organisierte Abläufe von Zeit, selbst ihre biologischen Rhythmen (zum Beispiel der Wechsel von Wachsein und Schlafen) werden in unserer westlichen Zivilisation bereits häufig „überspielt“ (nivelliert): Die Verschiedenheit von Tag und Nacht oder die Klimaverschiebungen innerhalb der sogenannten Jahreszeiten machen dem modernen Leben, etwa in Wirtschaft, Industrie oder Freizeitkultur, keine Probleme mehr; sie brauchen immer weniger beachtet zu werden. Zugleich werden fast alle Zeiten ständig verfügbar und stehen für Interessenten gleichsam auf Abruf bereit – so im nördlichen Winter die Ferienreise in den Sommer der Karibik, so der künstliche Schnee, den man mancherorts aus sportlichen und ökonomischen Gründen selbst im Frühling benötigt ...
Die Zeit bedarf aber, um von uns Menschen erlebt werden zu können, der zyklisch-kosmischen und der sozialen Gliederung – als Fest und Feier, als Werktag und Sonntag oder als Morgen und Abend, als Tag und Nacht!
Die Schule ist mit ihrer Gliederung nach Arbeitswochen und freien Wochenenden, nach Schulwochen und Ferien sicherlich ein stark und beständig rhythmisierendes Element im Leben der Kinder. Mit den Mitteln des Unterrichtes vermag Schule vielleicht nur einen bescheidenen Beitrag zu dieser notwendigen Erfahrung im Umgang mit der Zeit zu leisten. Ganz sicher aber sollte gerade die Grundschule in der Gestaltung ihres Schullebens diesen Gedanken der zyklischen Gliederung der Zeit Beachtung schenken. Auf der Ebene der Reflexion über die Zeit könnten die folgenden Hinweise hilfreich sein.

## Unterrichtliche Arbeit

1. Mit den Kindern werden in einem Brainstorming alle ihnen bekannten Feste zusammengetragen und eine Wortsammlung wird auf Einzelkarten angelegt, die dann zu Gruppen geordnet werden können:

- persönliche Feste
- Volksfeste
- staatliche Feiertage
- Feste des Kirchenjahres.

Schon ein Vergleich der Anzahl der Feste lässt die eindeutige Erkenntnis zu: Unser Kalender, unsere Feiertage werden von den christlichen Festen bestimmt. Der angefügte Lückentext *Arbeitsblatt 21.1* lässt die Problematik anklingen, die zwischen unseren Feiertagen und ihrer Gestaltung klafft.

2. In dem Blankokalender auf *Arbeitsblatt 21.1* sollen mithilfe des jeweiligen Jahreskalenders alle Sonn- und Feiertage farbig markiert werden. Seine Betrachtung macht deutlich, dass erst die Feste unserem Leben Farbe und Freude verleihen. Die freien Tage unterbrechen den stets dahinströmenden grauen Fluss der Arbeit. Bei der farblichen Markierung sollte eine Farbunterscheidung für die vier genannten Gruppen von Festen gewählt werden, um noch einmal deutlich zu machen: Der Sonntag sowie die Feste des Kirchenjahres sind Höhepunkte in unserem Alltag. Gott ist in Jesus Christus der eigentliche Grund unseres Feierns, auch wenn diese Erkenntnis nur noch von einer immer kleiner werdenden Gruppe in unserem Kulturkreis bewusst wahrgenommen wird.

**Lösung**

*Feste im Jahreskreis*

1.
Geburtstag
Namenstag
Hochzeit

2.
Kirmes
Schützenfest
Karneval

3.
1. Mai: Tag der Arbeit
3. Oktober:
Tag der Wiedervereinigung

4.
Advent
Weihnachten
Erscheinung des Herrn
Aschermittwoch
Palmsonntag
Gründonnerstag
Karfreitag
Ostern
Christi Himmelfahrt
Pfingsten
Fronleichnam
Erntedankfest
Allerheiligen
Christkönigsfest
viele Sonntage

Unser Kalender wird von den *christlichen* Festen bestimmt, auch wenn heute nicht mehr alle Menschen unseres Landes an Jesus Christus *glauben*.
An den christlichen Feiertagen haben alle *arbeitsfrei*.
Können sie diese Feste wirklich alle feiern?
Die christlichen Feste kann eigentlich nur der richtig feiern, der *an Jesus Christus glaubt*.
Zur rechten Feier der christlichen Feste gehört der Besuch des *Gottesdienstes*.
Drei Feste bezeichnen wir als *Hochfeste*, deshalb feiern wir sie *zwei Tage lang*.
1. *Weihnachten*
2. *Ostern*
3. *Pfingsten*

**AB 21.1**

______________________________

1.

| |
|---|
| Geburtstag<br>Namenstag<br>Hochzeit |

2.

| |
|---|
| Kirmes<br>Schützenfest<br>Karneval |

3.

| |
|---|
| 1. Mai: Tag der Arbeit<br>3. Oktober:<br>Tag der Wiedervereinigung |

4.

| |
|---|
| Advent<br>Weihnachten<br>Erscheinung des Herrn<br>Aschermittwoch<br>Palmsonntag<br>Gründonnerstag<br>Karfreitag<br>Ostern<br>Christi Himmelfahrt<br>Pfingsten<br>Fronleichnam<br>Erntedankfest<br>Allerheiligen<br>Christkönigsfest<br>viele Sonntage |

Unser Kalender wird von den ______________________ Festen bestimmt, auch wenn heute nicht mehr alle Menschen unseres Landes an Jesus Christus

______________.

An den christlichen Feiertagen haben alle __________________.

Können sie diese Feste wirklich alle feiern?

Die christlichen Feste kann eigentlich nur der richtig feiern, der

______________________________.

Zur rechten Feier der christlichen Feste gehört der Besuch des

______________.

Drei Feste bezeichnen wir als *Hochfeste,* deshalb feiern wir sie

______________.

1. ______________________________
2. ______________________________
3. ______________________________

# Tag für Tag

| Januar | Februar | März | April | Mai | Juni | Juli | August | September | Oktober | November | Dezember |
|---|---|---|---|---|---|---|---|---|---|---|---|
| 1 | 1 | 1 | 1 | 1 | 1 | 1 | 1 | 1 | 1 | 1 | 1 |
| 2 | 2 | 2 | 2 | 2 | 2 | 2 | 2 | 2 | 2 | 2 | 2 |
| 3 | 3 | 3 | 3 | 3 | 3 | 3 | 3 | 3 | 3 | 3 | 3 |
| 4 | 4 | 4 | 4 | 4 | 4 | 4 | 4 | 4 | 4 | 4 | 4 |
| 5 | 5 | 5 | 5 | 5 | 5 | 5 | 5 | 5 | 5 | 5 | 5 |
| 6 | 6 | 6 | 6 | 6 | 6 | 6 | 6 | 6 | 6 | 6 | 6 |
| 7 | 7 | 7 | 7 | 7 | 7 | 7 | 7 | 7 | 7 | 7 | 7 |
| 8 | 8 | 8 | 8 | 8 | 8 | 8 | 8 | 8 | 8 | 8 | 8 |
| 9 | 9 | 9 | 9 | 9 | 9 | 9 | 9 | 9 | 9 | 9 | 9 |
| 10 | 10 | 10 | 10 | 10 | 10 | 10 | 10 | 10 | 10 | 10 | 10 |
| 11 | 11 | 11 | 11 | 11 | 11 | 11 | 11 | 11 | 11 | 11 | 11 |
| 12 | 12 | 12 | 12 | 12 | 12 | 12 | 12 | 12 | 12 | 12 | 12 |
| 13 | 13 | 13 | 13 | 13 | 13 | 13 | 13 | 13 | 13 | 13 | 13 |
| 14 | 14 | 14 | 14 | 14 | 14 | 14 | 14 | 14 | 14 | 14 | 14 |
| 15 | 15 | 15 | 15 | 15 | 15 | 15 | 15 | 15 | 15 | 15 | 15 |
| 16 | 16 | 16 | 16 | 16 | 16 | 16 | 16 | 16 | 16 | 16 | 16 |
| 17 | 17 | 17 | 17 | 17 | 17 | 17 | 17 | 17 | 17 | 17 | 17 |
| 18 | 18 | 18 | 18 | 18 | 18 | 18 | 18 | 18 | 18 | 18 | 18 |
| 19 | 19 | 19 | 19 | 19 | 19 | 19 | 19 | 19 | 19 | 19 | 19 |
| 20 | 20 | 20 | 20 | 20 | 20 | 20 | 20 | 20 | 20 | 20 | 20 |
| 21 | 21 | 21 | 21 | 21 | 21 | 21 | 21 | 21 | 21 | 21 | 21 |
| 22 | 22 | 22 | 22 | 22 | 22 | 22 | 22 | 22 | 22 | 22 | 22 |
| 23 | 23 | 23 | 23 | 23 | 23 | 23 | 23 | 23 | 23 | 23 | 23 |
| 24 | 24 | 24 | 24 | 24 | 24 | 24 | 24 | 24 | 24 | 24 | 24 |
| 25 | 25 | 25 | 25 | 25 | 25 | 25 | 25 | 25 | 25 | 25 | 25 |
| 26 | 26 | 26 | 26 | 26 | 26 | 26 | 26 | 26 | 26 | 26 | 26 |
| 27 | 27 | 27 | 27 | 27 | 27 | 27 | 27 | 27 | 27 | 27 | 27 |
| 28 | 28 | 28 | 28 | 28 | 28 | 28 | 28 | 28 | 28 | 28 | 28 |
| 29 | | 29 | 29 | 29 | 29 | 29 | 29 | 29 | 29 | 29 | 29 |
| 30 | | 30 | 30 | 30 | 30 | 30 | 30 | 30 | 30 | 30 | 30 |
| 31 | | 31 | | 31 | | 31 | 31 | | 31 | | 31 |

# 22 Lernzielkontrollen

*Arbeitsblatt 22.1* bietet eine einfache Lernzielkontrolle. Die Lösungsziffern sind: 2 5 1 3 6 4
Eine schwierigere Lernzielkontrolle lässt sich aus *Arbeitsblatt 1.3* herstellen, indem man die Anzahl der zu ordnenden Feste im Kirchenjahr erhöht.
Der obere Teil des *Arbeitsblattes 22.2* ist ebenfalls als Lernzielkontrolle zu nutzen.

**1. Möglichkeit:**

Schneide die Bilder und die Wortkarten aus.
Ordne die Wortkarten den Bildern zu.
Klebe alles auf ein DIN-A4-Blatt.

**2. Möglichkeit:**

Schneide die Bilder und Wortkarten aus.
Ordne die Wortkarten den Bildern zu.
Ordne die Feste in der Reihenfolge, wie wir sie im Kirchenjahr feiern.
Klebe sie in der richtigen Reihenfolge nebeneinander auf ein DIN-A4-Blatt (3 × 3 Bilder nebeneinander mit den Wortkarten darunter, das 10. Bild in die 4. Reihe allein)
Vom Arbeitsblatt 22.2 lässt sich ein Legespiel herstellen, um die Namen der Feste und ihre Reihenfolge zu lernen.

**Lösung**

Name: ______________ Datum: ______________

Wann beginnt das Kirchenjahr? *Am 1. Adventssonntag*

Schreibe die Namen der Feste unter die Bilder:

1 
2 
3 

*Erscheinung des Herrn oder Dreikönigen* — *Advent* — *Karfreitag*

4 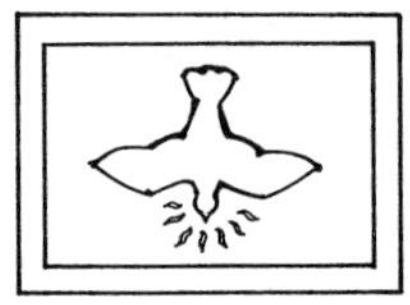
5 
6 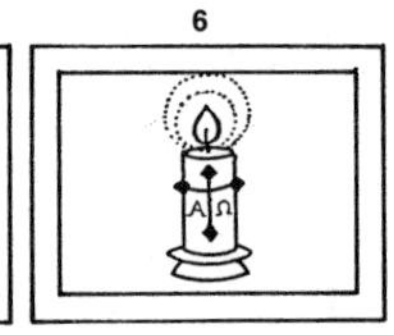


*Pfingsten* — *Weihnachten* — *Ostern*

Schreibe die Nummern der Feste in der Reihenfolge, wie wir sie im Kirchenjahr feiern, in sechs Kästchen.

| | | | | | |
|---|---|---|---|---|---|
| 2 | 5 | 1 | 3 | 6 | 4 |

AB 22.1

Name: ______________________________ Datum: ______________

Wann beginnt das Kirchenjahr? ______________________________

Schreibe die Namen der Feste unter die Bilder:

1

2

3

______________________________________________________________

______________________________________________________________

4

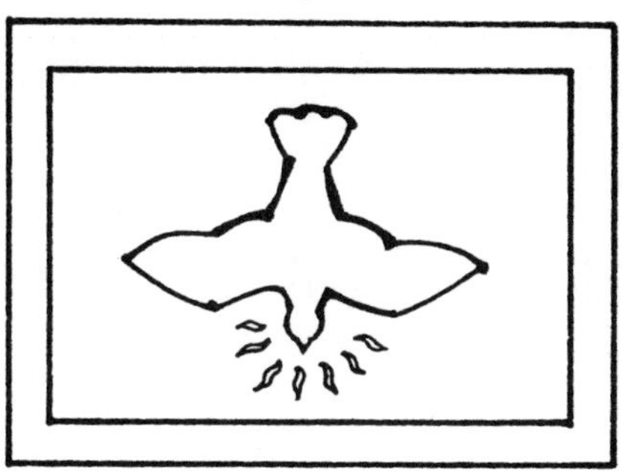

5

6

______________________________________________________________

______________________________________________________________

Schreibe die Nummern der Feste in der Reihenfolge, wie wir sie im Kirchenjahr feiern, in sechs Kästchen.

| | | | | | |
|---|---|---|---|---|---|
| | | | | | |

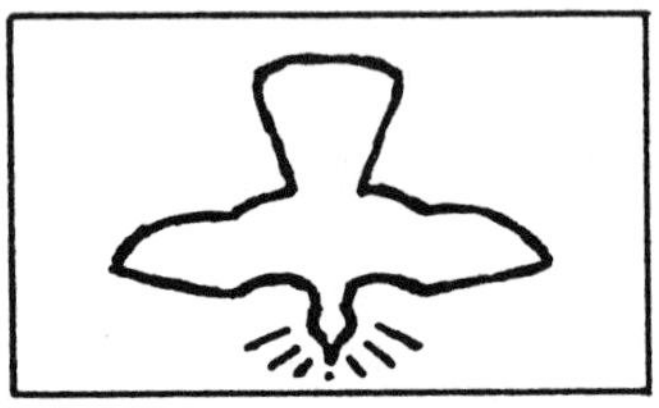

- Erscheinung des Herrn
- Christkönigsfest
- Pfingsten
- Aschermittwoch
- Karfreitag
- Weihnachten
- Advent
- Ostern
- Fronleichnam
- Allerheiligen

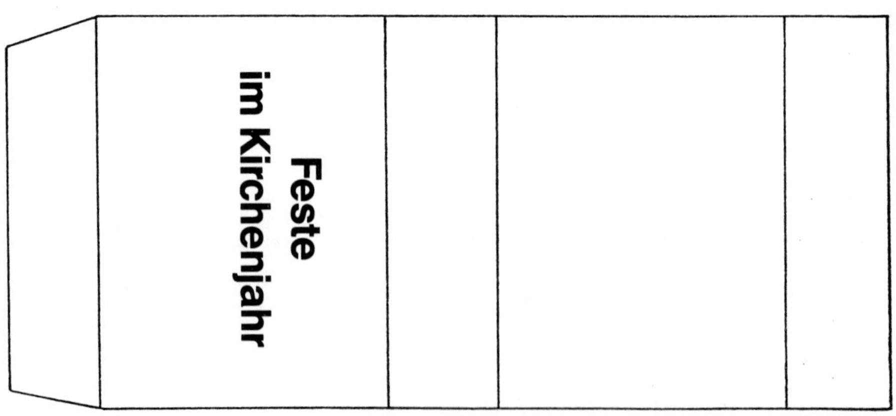


- Ausschneiden und eine Streichholzschachtel damit umkleben, in der die Kärtchen aufbewahrt werden können!

# Lieder zu den Themenkreisen des Kirchenjahres

Alle nachfolgend aufgeführten Lieder sind abgedruckt in den Religionsbüchern „Ich bin da“ 1–4 und den dazugehörenden Arbeitshilfen mit Kopiervorlagen. Die meisten finden sich auch auf den Tonkassetten „Ich bin da“ 1–4.

### 1 Das Kirchenjahr

| | | |
|---|---|---|
| Liebte Gott, der Herr, uns nicht | AH 1/S. 32 | MC 1 |
| Wir feiern heut’ ein Fest | AH 1/S. 46 | MC 1 |
| Wir preisen deinen Tod | AH 3/S. 23 | MC 3 |
| Wo zwei oder drei | Bd. 1/S. 24 | |
| Setz dich zu mir an meinen Tisch | AH 1/S. 20 | |

### 2 Advent

| | | |
|---|---|---|
| Teilet Licht, macht warm die Erde | AH 1/S. 50 | MC 1 |
| Habe ich Augen wie Elisabeth | AH 2/S. 52 | MC 2 |
| Als Nikolaus Bischof von Myra war | AH 1/S. 52 | |
| Kerzenschein, warmer Schein | AH 1/S. 53 | MC 1 |
| Was ist’s, was die Menschen brauchen | AH 3/S. 17 | MC 3 |
| Offene Augen | AH 2/S. 60 | MC 2 |
| Machet die Tore weit | AH 2/S. 13 | |

### 3 Weihnachten

| | | |
|---|---|---|
| Ehre, Ehre sei Gott | AH 2/S. 19 | MC 2 |
| Kommt nur herein | AH 1/S. 54 | MC 1 |
| So lang ist unsre Reihe | AH 1/S. 55 | |
| Eine lange Karawane | AH 2/S. 18 | |

### 5 Epiphanias

| | | |
|---|---|---|
| Wir folgten nach dem hellen Stern | AH 2/S. 20 | |

### 6 Lichtmess

| | | |
|---|---|---|
| Kerzenschein, warmer Schein | AH 1/S. 53 | MC 1 |
| Offene Augen | AH 2/S. 60 | MC 2 |
| Mache dich auf | Bd. 2/S. 18 | |
| Komm und folge mir | AH 1/S. 22 | MC 1 |

### 7 Fastenzeit

| | | |
|---|---|---|
| Brot in meiner Hand | AH 3/S. 89 | MC 3 |
| Wir hören und sehen | AH 3/S. 10 | MC 3 |
| Du hast uns, Herr, gerufen | AH 1/S. 19 | |
| Wende das Böse | Bd. 3/S. 34 | |
| Herr, gib mir Mut zum Brücken bauen | AH 3/S. 47 | MC 3 |

### 8 Passion Jesu

| | | |
|---|---|---|
| Bringt den Esel | AH 2/S. 27 | |
| Hosanna, Hosanna | AH 1/S. 32 | MC 1 |
| Ihr Freunde, lasst euch sagen | AH 3/S. 21 | MC 3 |
| Menschen warten in den Straßen | AH 2/S. 28 | MC 2 |

**9 Ostern**

| | | |
|---|---|---|
| Wir tanzen voller Freude | AH 2/S. 28 | MC 2 |
| Singt mit uns vor Freude | AH 2/S. 54 | MC 2 |
| Eine freudige Nachricht | AH 3/S. 25 | MC 3 |
| Wir singen alle Hallelu | AH 1/S. 33 | |

**11 Pfingsten**

| | | |
|---|---|---|
| Komm Gottes Geist | AH 2/S. 30 | MC 2 |
| Am hellen Tag kommt Jesu Geist | AH 2/S. 30 | |
| Kommt alle und seid froh | AH 1/S. 48 | MC 1 |

**12 Fronleichnam**

| | | |
|---|---|---|
| Komm und folge mir | AH 1/S. 22 | MC 1 |
| Die Menschen öffnen Türen | AH 2/S. 10 | MC 2 |

**13 Petrus und Paulus**

| | | |
|---|---|---|
| Eine freudige Nachricht bereitet | AH 3/S. 25 | MC 3 |
| Komm und folge mir | AH 1/S. 22 | MC 1 |

**14 Mariä Himmelfahrt**

| | | |
|---|---|---|
| Auf ihr Kinder, lobet den Herrn | AH 2/S. 70 | MC 2 |
| Mutter Gottes, wir rufen zu dir | AH 4/S. 31 | |
| Marienlob | AH 3/S. 96 | |
| Kind steh auf | AH 3/S. 8 | MC 3 |
| Zu den Menschen, ausgestoßen | AH 3/S. 11 | |

**15 Fest der Erzengel**

| | | |
|---|---|---|
| In deinen guten Engeln schick Schutz | AH 3/S. 99 | MC 3 |

**16 Erntedank**

| | | |
|---|---|---|
| Die Sonne hat mich reif gemacht | AH 2/S. 59 | MC 3 |
| Wir pflügen und wir streuen | AH 3/S. 109 | |
| Du hast uns deine Welt geschenkt | AH 2/S. 70 | MC 2 |

**17 Franziskus**

| | | |
|---|---|---|
| Franziskus, unser Bruder | AH 4/S. 37 | MC 4 |
| Du gabst mir Augen | AH 1/S. 10 | MC 1 |
| Die Erde ist schön | AH 1/S. 59 | MC 1 |
| Ich freu mich, dass die Sonne lacht | AH 1/S. 59 | MC 1 |
| Danke für diesen guten Morgen | AH 4/S. 115 | MC 4 |
| Eine dicke Raupe | AH 4/S. 113 | |

**18 Weltmissionstag**

| | | |
|---|---|---|
| Breite deine Hände aus | AH 2/S. 7 | MC 2 |
| Gott, du hast uns Augen gegeben | AH 3/S. 105 | MC 3 |
| Hände, Hände, Hände | AH 2/S. 5 | MC 2 |
| Alle Kinder dieser Erde | AH 1/S. 67 | MC 1 |
| Allein können wir nicht leben | AH 1/S. 38 | |

**19 Allerheiligen – Allerseelen**

| | | |
|---|---|---|
| Hört, wen Jesus glücklich preist | AH 3/S. 112 | MC 3 |
| Vom Aufgang der Sonne | AH 3/S. 116 | MC 3 |

**20 Christkönigssonntag**

| | | |
|---|---|---|
| Offene Augen sehen das Licht | AH 2/S. 60 | MC 2 |
| Wir hören und sehen von Not | AH 3/S. 10 | MC 3 |
| Jesus wohnt in unserer Straße | AH 4/S. 78 | MC 4 |
| Hört, wen Jesus glücklich preist | AH 3/S. 112 | MC 3 |

**21 Das ganze Jahr – Tag für Tag**

| | | |
|---|---|---|
| Wir preisen deinen Tod | AH 3/S. 23 | MC 3 |
| Halte zu mir, guter Gott | AH 1/S. 12 | MC 1 |
| Das wünsch ich sehr | AH 1/S. 48 | |
| Lasset uns gemeinsam | AH 3/S. 48 | MC 3 |
| Zeit für Ruhe | AH 4/S. 9 | MC 4 |

**Abkürzungen**

AH: Arbeitshilfen mit Kopiervorlagen zu Religionsbuch „Ich bin da" mit entsprechender Jahrgangsstufe
Bd.: Religionsbuch „Ich bin da" mit entsprechender Jahrgangsstufe
MC: Musikkassette zum Religionsbuch „Ich bin da" mit entsprechender Jahrgangsstufe

# Literaturverzeichnis

Andreas Baur, Friedrich Fischer, Hedwig Landwehr, Joseph Quadflieg, Karl-Otto Rentmeister: Ich bin da – Religionsbuch für die Grundschule, Donauwörth 1988

Andreas Baur u. a.: Mein Glaubensbuch, Donauwörth 1986

Karl-Heinrich Bieritz: Das Kirchenjahr, München 1991[3]

Wilhelm Albrecht u. a.: Das Religionsbuch – Zugänge zum Glauben, Donauwörth 1991

Erhard Domay: Menschenzeit – Gotteszeit, Lahr 1992

P. Gerhard Eberts: Feste und Bräuche im Jahreskreis, Aschaffenburg 1985

Brigitte und Peter Franke: Hausbuch für die Familie, Donauwörth 1988

Hermann Kirchhoff: Christliches Brauchtum im Jahreskreis, München 1990

Schauber/Schindler: Heilige und Namenspatrone im Jahreslauf, Augsburg 1992